Stefania Mola

Führung durch das friederizianische Apulien

- Auf den Spuren des Kaisers -

Übersetzung von
Christina Jenkner

Aufnahmen von
Nicola Amato und Sergio Leonardi

Mario Adda Editore

Ristampa 2002

© Copyright 1994
Mario Adda Verlag - Via Tanzi, 59 - Bari

Graphischer Entwurf und Anlage: Franco Mauro
Aufnahmen: Nicola Amato und Sergio Leonardi
Photosatz: Ermanno Girardi - Bari
Farbauszüge: Albrizio Litozincografia - Bari
Druck: F>◁▷ Cooperativa Grafica Italiana - Bari

Umschlagabbildungen:

~~Gioia del Colle - Schloß~~ *Barletta, Museo Civico - Kalksteinbüste,die Friedrich II. Darstellen*
Castel del Monte - Thronsaal

INHALTSANGABE

Man ist sich allgemein einig, das Zeitalter des Kaisers Friedrich II. von Hohenstaufen als eines der Höhepunkte in der Blüte der Kunst und Architektur Apuliens anzuerkennen. Das Jahr 1994, achthundertjähriges Jubiläum seiner Geburt, bietet eine willkommene Gelegenheit, um den bewegten Lebensgang, den politischen und kulturellen Einsatz dieser interessanten Persönlichkeit sowohl ideell, als praktisch erneut nachzuvollziehen, vor allem anhand der hier befindlichen Stätten und Bezeugungen.

Stupor mundi, erster unter den Fürsten der Renaissance, Rationalist, Skeptiker, Mäzen, besser gesagt - ein Mann im Geiste seines Zeitalters, daher also ein mittelalterlicher Kaiser nach den Regeln der Tradition, wie in einer der neulich erschienenen ihm gewidmeten Biographien behauptet wird? Aus dieser Meinungsvielfalt, aus diesem Mangel an eindeutigen Interpretationen ragt die Figur und die Persönlichkeit Friedrichs II.unangetastet in ihrem vollem Prestige empor.

Er erbte ein Reich, das sich von Deutschland bis Sizilien erstreckte; es gelang ihm, die Monarchie neu zu organisieren und die Einmischung aller parteilichen Kräfte einzuschränken, indem er das Land mit Hilfe einer eisernen Verfassung regierte, die seiner Auffassung des Staates entsprach. Angeregt durch seinen unstillbaren Wissensdurst widmete er sich den Wissenschaften mit unermüdlichem Eifer; die Erklärungen, die ihm die Wissenschaftler gaben, reichten ihm nicht aus; er wollte selbst alles verstehen und beherrschen, seine Neugierde war unersättlich. Er unterhielt gute Beziehungen auch zu den sogenannten Heiden und erkannte ihnen das Recht an, in den Moscheen ihren Gott anzubeten; er ging sogar soweit, mit dem Sultan von Ägypten einen Pakt abzuschließen, den der Papst als "verdammenswert" definierte, um den Blutbädern im Heiligen Land ein Ende zu bereiten und sich der Krone von Jerusalem zu bemächtigen. Zu seinen höchsten Idealen zählte die Wahrung einer zweifachen dynastischen Erbschaft, die er auf seine Nachfolger unversehrt übertragen wollte: obgleich er in einem fast moslemischen Sizilien aufgewachsen war, obgleich er jüdische und sarazenische Freundschaften pflegte und später als Kreuzritter kämpfte, "war Friedrich II. von Hohenstaufen weder Sizilianer, noch Römer, noch Deutscher, noch eine Mischung aus teutonischem und lateinischem Blut, geschweige denn ein halber Muselmann: er war ein Hohenstaufen und ein Altavilla". (D.Abulafia, *Frederick II. A medieval emperor*, London 1988).

Miniaturbild von Friedrich II. auf dem Thron, aus De arte venandi. *Der Kaiser wird nach dem "offiziellen", im Mittelalter gebräuchlichen Stil abgebildet: es handelt sich um ein Stirnbild, die Haltung ist feierlich und würdevoll, Attribute und Insignien sind als dem Fürsten gehörig erkennbar.*

1.   FRIEDRICH II. - GESCHICHTE UND MYTHOS

1.1.   Stupor mundi

Die kulturelle Leidenschaft, die seiner Umgebung eigen war, die Entschlossenheit, mit welcher er den päpstlichen Ansprüchen auf eine universalistische Vormachtstellung widerstand, die aufgeklärten Ansichten in Bezug auf das Regierungssystem (man könnte fast sagen, als Vorläufer der Renaissance) - all diese Eigenschaften haben zur prominenten Stellung Friedrichs II. in der Geschichte beigetragen. Er wird als König von Sizilien und von Jerusalem, als Kaiser des Heiligen Römischen Reiches, als *Stupor Mundi* besungen; er ist in der Geschichte des südlichen Mittelalters als *Puer Apuliae* bekannt, ein Zeichen seiner tiefgehenden Verbundenheit zu dem Land, in welchem er seinen prachtvollen Hof errichtete. Aber Friedrich II. ist auch Opfer von Verleumdungen, die ihn als weit weniger tolerant darstellen, die seinen kulturellen Einsatz als kurzsichtig abfertigen, die ihn als unentschlossen und zögernd im Verhältnis zur Römischen Kirche definieren, die sozusagen die Größe seiner Persönlichkeit und die Weitschweifigkeit seines Wirkens vermindern.

Wie dem auch sei, unbestreitbar ist der Zauber, der von der persönlichen und politischen Geschichte Friedrichs II. ausstrahlt: mit 21 Jahren erhielt er in Aachen aus den Händen des Erzbischofs von Mainz die Krone, mit 26 weihte ihn Papst Honorius III. zum Kaiser; wenige Jahre später erkannte ihn die Kirche Roms als einen gefährlichen und teuflischen Feind und verhängte 1227 den Kirchenbann über ihn. Trotz des Bannfluches, als sei es ihm damit noch nicht genug, schloß Friedrich mit dem Sultan von Ägypten ein Abkommen ab (das der Papst als verdammenswert bezeichnete), womit dem Blutvergießen im Heiligen Land ein Ende gesetzt wurde und wodurch Friedrich selbst zum König von Jerusalem ernannt wurde. Seine guten Beziehungen zu den Ungläubigen und die Anerkennung des Rechtes, Allah als ihren Gott in den Moscheen anzubeten, trugen weiter dazu bei, in ganz Europa die Entrüstung der Massen, der Prediger, der Bettelorden, der Vasallen zu bewirken. Die Wiederversöhnung mit dem Papst im Jahre 1230 bedeutete einen vorübergehenden Waffenstillstand, der erst zehn Jahre später gebrochen wurde, als der "liebste Sohn des Pontifex" wieder zum "Reptil, Basilisk, Vatermörder" wurde, und zum zweiten Mal vom Kirchenbann getroffen wurde; in der Zwischenzeit hatten die Aufstände in Deutschland, der Widerstand des Lombardischen Bundes in Italien, die Amtsenthebung durch das Lyoner Konzil und durch Papst Innozenz IV. im Jahr 1245 dazu beigetragen, das private und öffentliche Leben Friedrichs einer wechselnden Folge von Ereignissen auszusetzen.

Oben:
Miniaturbild der Wiedereroberung Jerusalems durch Friedrich II., aus der Cronica figurata *von Giovanni Villani (14. Jahrh.), Rom, Biblioteca Apostolica Vaticana, ms Chig. LVIII 296, f. 75r*

Rechts:
Mosaikbild der Krönung Rogers II., in der Pfälzischen Kapelle von Palermo. Die Pfälzische Kapelle, im Jahr 1130 gegründet, ist im Palazzo dei Normanni enthalten, eine arabische Festung, die Roger zur prachtvollen königlichen Residenz ausbaute.

1.2 Puer Apuliae

Zwei Jahrhunderte vor Friedrichs Aufstieg war es geschehen, daß eine aus der Normandie kommende Pilgergruppe auf dem Wege zum Wallfahrtsort S. Michele auf dem Gargano in einen Kampf um die Verteidigung des Gebietes gegen die Sarazenen verwickelt wurde; das somit gewonnene Prestige erwarb diesen Fremden die Gunst der Römischen Kirche, und bald ließen sich weitere Normannen mit ihren Familien im Süden nieder; sie beschlossen eine militärische und soziale Gemeinschaft aufzubauen und diese auf apulischem Gebiet auf Kosten der Byzantiner auszuweiten. Bald wurde das ganze Gebiet der Capitanata erobert, die Stadt Melfi wurde zur Hauptstadt ernannt und das Land in zwölf Grafschaften unterteilt.

Der Papst begann sich um diese rasche Ausweitung Sorgen zu machen, er leitete den Versuch ein, die Eroberung des Gebietes um Benevent, einer Gegend, die seit Karl dem Großen unter dem Einfluß der Kirche stand, zu verhindern. Nach wechselhaften Begebenheiten, wobei unter anderem Papst Leo IX. selbst gefangen genommen wurde, erreichte man ein Abkommen; die Gründung des Reiches von Sizilien wurde eingeleitet; später wurde es unter Roger II. vereinigt und auf das gesamte Gebiet Süditaliens ausgeweitet. Dieses Reich reizte wohl viele, zumal nach dem gescheiterten Versuch von Friedrich Rotbart, das deutsche Kaiserreich auf den Süden der Halbinsel auszudehnen, die erfolgreiche Machtergreifung durch Heinrich VI. von Hohenstaufen, Vater von Friedrich II., erfolgte, der 1191 zum Kaiser ernannt worden war und drei Jahre später König von Sizilien wurde.

Karte des Reiches von Sizilien

Landschaftsbild der Capitanata; aus strategischen Gründen versetzte Friedrich II. seinen Amtssitz und seinen Hof von Sizilien nach Apulien, und veränderte somit die gesamte Verteidigungs- und Angriffsordnung auf dem Gebiet insbesondere in Bezug auf die Besitztümer des Römischen Kirchenstaates.

Aus der Ehe zwischen Heinrich und der normannischen Prinzessin Konstanze von Altavilla wurde Friedrich geboren, zu Ehren seiner Vorfahren Roger Friedrich getauft, der dazu bestimmt war, Erbe des germanischen und normannischen Reiches bis hin zum Mittelmeer zu werden. Seine Geburt unter einem auf dem Marktplatz von Jesi errichteten Zelt wurde von mißgünstigen Folgerungen gewisser Zeitchroniken begleitet, die über die späte Schwangerschaft der Königin und über die zweifelhafte Reinheit königlichen Blutes des Neugeborenen munkelten; das herbeigelaufene Volk soll den Vorfall aber allgemein als ein Wunder begrüßt haben und Pietro von Eboli besang es als Zeichen eines neuen, beginnenden Zeitalters. Papst Innozenz III. beeilte sich das Kind zu "adoptieren", um das Vasallentum im Reich von Sizilien wiederherzustellen, und wurde dessen Vormund, als 1198 die Mutter starb.

Der Staufe wurde auf das königliche Amt hin erzogen, er übernahm die Krone Siziliens mit 14 Jahren, der die kaiserliche im Jahr 1220 folgte.

Auf der Rückkehr aus Deutschland beschloß Friedrich II.seine Aufmerksamkeit weitgehend dem Reich von Sizilien zuzuwenden, das "Reich der Sonne" seiner Vorfahren; obwohl er Palermo sehr liebte, da er seine Kindheit und Jugend dort verbracht hatte, zog er es vor mit dem Hof nach Apulien zu übersiedeln, wo das normannische Vaterland seinen Ursprung gefunden hatte. Die Verlagerung der Hauptstadt und der Geschäfte von Sizilien nach Apulien, insbesondere in die Capitanata, bedeutete keine Verleugnung der Vergangenheit, sondern beruhte im wesentlichen, wenigstens anfänglich, auf einer strategischen Entscheidung: Sie bot die Möglichkeit zu einer erweiterten Kontrolle des Landes im Hinblick auf Verteidigung, Taktik und Wirtschaft und war einer besseren Nutzung der ökonomischen Mittel und natürlichen Reichtümer dienlich. Vielleicht trug auch eine uneingestandene Liebe zum "heiteren Zauber" dieser Landschaft dazu bei, die ihm wohl lebendig und melancholisch, sonnig und verschleiert zugleich erschien, das "wahre Glück" für ihn und seine Kinder. So werden Foggia, von Friedrich zum "vortrefflichen königlichen und kaiserlichen Sitz" erwählt, Apricena, wo der Kaiser die Weihnachtstage des Jahres 1222 nach dem Sieg über die Sarazenen in Sizilien und spätere Ruhepausen verbrachte, und dann Bari, Trani, Barletta, Melfi zu bevorzugten Aufenthaltsstätten. In diesen und anderen unzähligen Orten förderte Friedrich gleichzeitig durch eine Reihe von Verordnungen die Errichtung, die Renovierung oder die Erweiterung von Bauwerken, die konkret die neue Struktur des Reiches repräsentieren sollten, welche im Jahre 1231 durch die Verfassungen von Melfi Rechtskraft erhielt. Es wurde als ein entscheidender Wendepunkt interpretiert, als Anbruch eines neuen, modernen Zeitalters: "Mögen die künftigen Völker nicht glauben, wir hätten die Verfassung dieser Grundgesetze nur aus Verlangen nach Ruhm verfolgt", heißt es im XCIV. Titel des III. Buches, "wir haben sie angestrebt, um heute die Ungerechtigkeiten der Vergangenheit zu löschen, als die Stimme des Rechtes stumm war, und um ein neues Zeitalter der Gerechtigkeit in uns allen erneut zum Leben zu erwecken". Schlössern, Befestigungsanlagen und Residenzen wurden neue Funktionen zugedacht; sie hörten auf, Eigentum der Lehnsherren zu sein (die ab jetzt nur mehr auf Zeit deren "Konzessionäre" waren) und wurden als königlicher Besitz der Obhut von Beamten anvertraut, die vom Kaiser selbst ernannt wurden.

Rechts:
Der sogenannte Thronsaal in Castel del Monte. Das friederizianische Schloß gewinnt ausgesprochen symbolische Bedeutung als Sinnbild der kaiserlichen Macht und Materialisation der fürstlichen Herrschaft über das ganze Gebiet.

Apulien wurde somit zum Zentrum dieser neuartigen Auffassung eines einheitlichen und zentralisierten Staates, in welchem das Schloß ein Symbol der körperlichen Anwesenheit des Kaisers auf dem Gebiet darstellte, sein wachendes Auge, doch auch eine Konkretisierung seiner vielseitigen Persönlichkeit.

Bari, Ausblick auf das normannisch-staufische Schloß. In früheren Zeiten war das Gebiet, auf welchem später das Schloß errichtet wurde, ein Vorort der byzantinischen Stadt; den normannischen Kern der Befestigungsanlage stellte eine einfache Ummauerung mit Türmen dar, die frühere Bauten miteinbezog (Wohnbauten und eine kleine, vielleicht dem Hl. Apollinarius geweihte Kirche), welche heute dank einer Folge archeologischer Ausgrabungen wieder ans Tageslicht gebracht wurden.

DIE FRAUEN FRIEDRICHS

Ähnlich vielen anderen Herrschern seiner Zeit, und wie es auch Sitte und Privileg der Kaiser aller Zeiten war, soll Friedrich ein großer Eroberer weiblicher Herzen gewesen sein, sowie Vater und Großvater einer zahlreichen Nachkommenschaft. Aufgrund der wohlbekannten ungünstigen Umstände, die auf unglückliche Weise mit dem Tode des jungen Konradins im Jahre 1268 endeten, gelang es dem Geschlecht der Hohenstaufen trotz Friedrichs Engagement nicht, über die zweite Generation hinaus zu kommen. Man muß jedoch bei einem Urteil über Friedrichs mögliche Schwäche für das weibliche Geschlecht bedenken, daß damals die Ehen zwischen den herrschenden Familien meist vorteilhafte Verträge zur Besiegelung von politischen Bündnissen darstellten, die mit größter Sorgfalt durchdacht und geplant wurden; die Überlieferung erzählt von drei Ehen, also gab es drei eheliche Nachkommenschaftslinien mit Kindern und Enkelkindern, und verschiedene weitere uneheliche Verbindungen, die auch durch die Geburt zahlreicher Kinder erfreut wurden. Dessen bekanntestes ist ohne Zweifel der unglückselige Manfred, der nach dem Tode des Vaters im Jahr 1258 König von Sizilien wurde, "blond, schön und lieblichen Ansehens", wie ihn Dante im *Paradies* verewigte, und der auf tragische Weise 1266 bei Benevent umkam. Er und seine Schwestern Konstanze und Violante waren Kinder von Bianca Lancia, die einzige Frau, außer den drei Ehefrauen von Friedrich, die er aller Wahrscheinlichkeit nach aus Staatsräson geheiratet hatte, deren Name uns übertragen wurde, und die vielleicht die einzige wirklich von ihm geliebte gewesen sein mag. Ihr Verhältnis hielt allen drei Ehen und einer ungewissen Anzahl von Gelegenheitsbeziehungen stand.

Die erste Gattin, Konstanze von Aragonien, wurde vom Papst im Jahre 1208 für ihn auserwählt; die Hochzeit fand in Palermo statt, als der Bräutigam noch nicht einmal fünfzehn Jahre alt war und ihn ganze zehn Jahre von der Frau trennten, die schon Königin von Ungarn gewesen war; wenige Jahre später wurde aus dieser Ehe Heinrich geboren, künftiger König von Deutschland, erster ehelicher Nachfolger des Kaisers, aber schon sein zweiter Sohn nach Heinz, der im Jahre 1243 König von Sardinien wurde und dessen Mutter eine gewisse Adelheid von Urslingen gewesen sein soll.

Als 1222 Konstanze starb, waren schon zahlreiche uneheliche Kinder auf die Welt gekommen.

Unter diesen sind uns die Namen von Friedrich von Antiochien, etwas jünger als Heinz, und Richard Graf von Chieti bekannt; man hat versucht, deren Mütter zu identifizieren, wobei für ersteren eine junge Syrerin, die von Friedrich während des Kreuzzuges im Jahr 1228 kennengelernt wurde, genannt wird. Dieser Zeitpunkt erscheint jedoch schon sehr spät, wenn man bedenkt, daß während der vierziger Jahre sowohl Friedrich als Richard schon verantwortungsvolle Ämter bekleideten und demnach schon erwachsen waren. Um 1238-39 waren auch drei uneheliche Töchter reif für die Ehe: Selvaggia, Margarethe und Violante, die Tochter von Bianca Lancia.

Aber der öffentlichen Seite seiner Rolle war Rechenschaft zu leisten: 1225 wurde in Brindisi Friedrichs Hochzeit mit Jolande von Brienne gefeiert, die drei Jahre später mit siebzehn Jahren starb, nachdem sie Konrad geboren hatte, künftiger König von Deutschland und später von Sizilien; 1235 kam Isabel von England an die Reihe, die sechs Jahre später bei der Entbindung ums Leben kam.

Es gab damals für Frauen wenig zu lachen, sei es, weil ihr Leben durch natürliche Ursachen gefährdet war, sei es, weil sie gänzlich dem dispotischen Verhalten ihrer Gatten ausgesetzt waren, die sie oft aus Eifersucht in eine Art Harem verbannten. Über lange Zeit gingen anhaltende Gerüchte um, die kurze Ehedauer für Friedrichs Frauen, wovon zwei bei der Entbindung starben, sei zahlreichen Mißhandlungen zuzuschreiben, wenn nicht sogar einer Vergiftung. Wenn diese Vermutungen auch übertrieben erscheinen mögen, so ist es sicherlich angebracht zu bemerken, daß sich Friedrich auch seiner geliebten Bianca Lancia gegenüber, der Mutter Manfreds, seincs Lieblingssohnes, nicht anders verhielt. Obwohl überliefert ist, der Kaiser habe seiner dritten Frau verschiedene Güter und Besitztümer geschenkt, so weiß man auch von seinen ungehaltenen Wutausbrüchen, deren Grund seine blinde Eifersucht war, die ihn auch dazu anhielt seine Geliebte des Betruges zu verdächtigen und sie deshalb in einen Turm des Schlosses von Gioia del Colle einsperren zu lassen. Dort, im "Turm der Kaiserin", wurde Manfred geboren, der sich später mehr als die anderen für die väterliche Erbschaft einsetzte und sie bis zum Letzten verteidigte.

Die Legende erzählt, Bianca Lancia habe sich, in einem extremen Versuch jeglichen Verdacht auszulöschen, die Brüste abgeschnitten, und habe diese mit dem Neugeborenen auf einem silbernen Tablett zu Friedrich bringen lassen. Zur Erinnerung an diese traurige Geschichte bildete ein unbekannter Steinhauer die Brüste der Bianca Lancia als Symbol der Tragödie und der Treue auf einem Baustein des Gefängnisturmes nach.

Der Sarkophag und der Leichnam Friedrichs II. in zwei Zeichnungen, die gelegentlich der Eröffnung der staufischen Gräber (1781) in der Kathedrale von Palermo ausgeführt wurden (aus dem Band von F. Daniele, I regali sepolcri del Duomo di Palermo riconosciuti e illustrati, *Napoli, Stamperia del Re, 1784. Eigentum dell'Aquila, Bari). Im Jahr 1781 wurde die Kathedrale von Palermo renoviert und bei dieser Gelegenheit wurden die Grabmäler der Könige (Roger II., Heinrich VI., Konstanze von Altavilla und Konstanze von Aragon) von der rechten Altarseite entfernt und in die ersten zwei Kapellen des rechten Gebäudeflügels versetzt. Der Hofhistoriker Rosario Gregorio erzählt von der Untersuchung des Grabes Friedrichs II. und berichtet, "die Mumie von Friedrich sei in perfektem Zustand vorgefunden worden, das Haupt auf einem ledernen Kissen ruhend, das Schwert zur Seite, am Hals ein Amethystgehänge, Smaragde und Perlen auf der Brust, zwischen den Händen eine mit Erde aufgefüllte Kugel als Symbol des Reiches".*

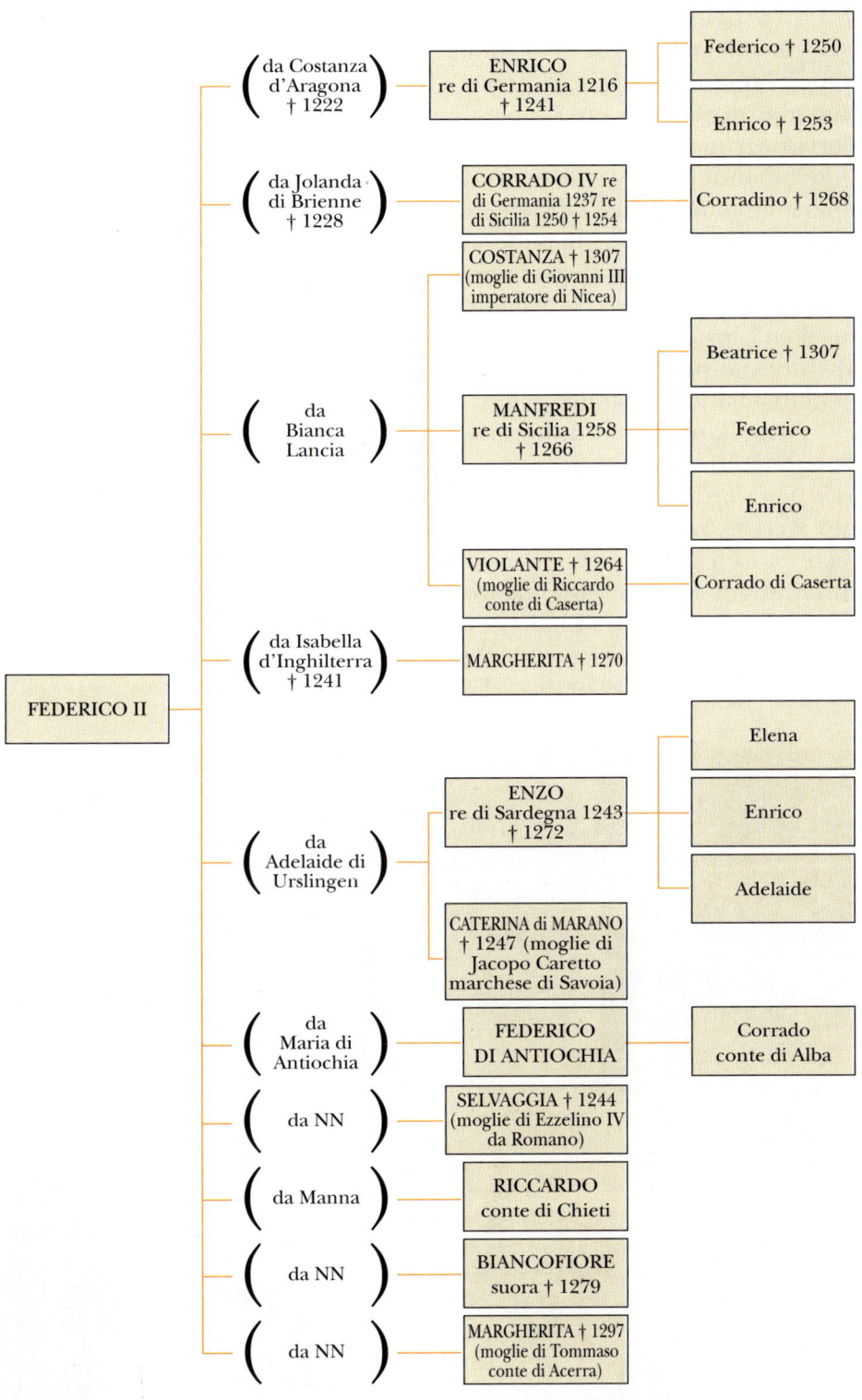

FEDERICO II

da Costanza d'Aragona † 1222
— ENRICO re di Germania 1216 † 1241
  — Federico † 1250
  — Enrico † 1253

da Jolanda di Brienne † 1228
— CORRADO IV re di Germania 1237 re di Sicilia 1250 † 1254
  — Corradino † 1268

da Bianca Lancia
— COSTANZA † 1307 (moglie di Giovanni III imperatore di Nicea)
— MANFREDI re di Sicilia 1258 † 1266
  — Beatrice † 1307
  — Federico
  — Enrico
— VIOLANTE † 1264 (moglie di Riccardo conte di Caserta)
  — Corrado di Caserta

da Isabella d'Inghilterra † 1241
— MARGHERITA † 1270

da Adelaide di Urslingen
— ENZO re di Sardegna 1243 † 1272
  — Elena
  — Enrico
  — Adelaide
— CATERINA di MARANO † 1247 (moglie di Jacopo Caretto marchese di Savoia)

da Maria di Antiochia
— FEDERICO DI ANTIOCHIA
  — Corrado conte di Alba

da NN
— SELVAGGIA † 1244 (moglie di Ezzelino IV da Romano)

da Manna
— RICCARDO conte di Chieti

da NN
— BIANCOFIORE suora † 1279

da NN
— MARGHERITA † 1297 (moglie di Tommaso conte di Acerra)

1.3   Die Bauten und das Land

Im Gegensatz zur Vorstellung, die aus der schnellen Folge wechsel-
hafter Ereignisse, die sein Leben charakterisierten, entstehen könnte,
und die durch das an Problemen reiche Zeitalter des 13. Jahrhunderts begründet sein könnte, fand Friedrich im Laufe seines Lebens,
und besonders während er in Süditalien weilte, Zeit genug, sich mit
unermüdlichem Eifer zahlreichen Tätigkeiten hinzugeben. Er widmete
sich insbesondere der Bautätigkeit, die, wie schon erwähnt, eine wichtige Rolle in seinem Regierungsprogramm einnahm. Die großen, auf
kaiserlichen Initiativen beruhenden Eingriffe sind Zeugnisse seiner kulturellen Einstellung, die sowohl auf eine Verwertung der existierenden,
aus normannischer Zeit stammenden Bauten, als auf die Errichtung
neuer Gebäude zu strategischen Zwecken ausgerichtet war.

Die Bautätigkeit unter Friedrich II. muß also als Teilaspekt einer
weitgreifenden und radikalen Änderung des Verteidigungssystems angesehen werden, das, abgesehen von der unbestreitbaren Großartigkeit
des Werkes, erhebliche Kosten mit sich brachte. Die Ausmaße des Projektes waren groß genug, um unter den Zeitgenossen Besorgnisse, Be-
fürchtungen und gar einen gewissen Tadel zu erwecken: man denke an
die in den Briefen des Richters Thomas von Gaeta enthaltenen Ansichten, an seine Mahnung an den Kaiser, daran zu denken, daß "die einzige wahrhaft unbezwingbare Festung die Liebe der Untertanen sei":

Nebenseite:

Gioia del Colle, der Schloßhof. Das alte castrum *von Gioia, das sich in der Nähe einer städtischen Ansiedlung befand und vorwiegend zu Verteidigungszwecken diente, wurde von Friedrich II. in sein vielseitiges Projekt zur Militarisierung des Landes miteinbezogen und um 1230 umgebaut und erweitert.*

Oben:

Karte der Stützpunkte des Verteidigungssystems. Es werden die im vorliegenden Führer zitierten Örtlichkeiten angegeben, die zum Teil neue Burgen, ausgebaute Festungen oder schon vor staufischer Zeit bestehende Bauten einschließen. Es ist ersichtlich, wie das Befestigungsprojekt Friedrichs II. trotz der Beachtung vorbestehender Bauten nach einem ganz bestimmten Plan entwickelt wurde: der Verlauf der Küste, die parallele Linie im Innenland, die Hügel im Grenzgebiet.

eine klare Aufforderung, über die drückende Last der Besteuerung nachzudenken, die dazu dienen sollte, die für den pharaonischen Plan nötigen Geldbestände aufzubringen. Thomas von Gaeta hebt hervor, wie in dem ganzen Projekt keine einzige Kirche oder Kapelle verzeichnet sei und erinnert Friedrich daran, wie "die äußerst christlichen Könige von Sizilien, Eure Vorfahren, sogar mitten im Kriege Kirchen und Klöster gründeten und sich nicht uneingedenk der Großzügigkeit des Himmels zeigten".

Es ist nunmehr üblich Friedrichs Bautätigkeit mit Schlössern und *palatia* zu identifizieren, und oft wird seine Abneigung religiösen Bauten gegenüber betont. Man weiß von seiner Anwesenheit gelegentlich der Einweihung der Kathedrale von Cosenza im Jahr 1222 und bei der Gründung der Kathedrale von Altamura (in diesem Falle jedoch einzig aus politischen Gründen). Bezeichnenderweise soll er sich angeblich nur mit der Errichtung der Zisterzienser-Basilika von Murgo, bei Lentini, direkt befaßt haben, die 1220 gegründet wurde; die Tatsache ist umso glaubenswürdiger, wenn man an das geschlichtlich bezeugte Verhältnis zum Zisterzienser Orden denkt, das ab dem zweiten Jahrzehnt des 13.Jahrhunderts gepflegt wurde, und welches einen fruchtbaren

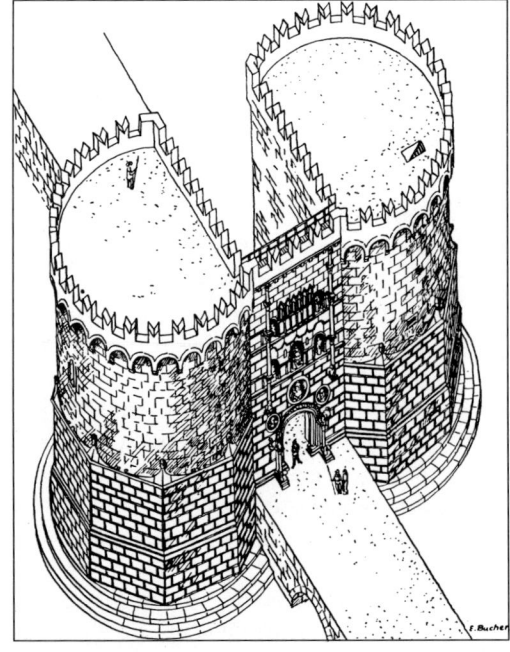

Capua, die Abbildung stellt eine Rekonstruktion des Brückenschlosses dar, das von Friedrich 1234 über dem Fluß Volturno an der Grenze mit dem Kirchenstaat errichtet wurde. Heute ist die immer noch beeindruckende Ruine erhalten, die aus zwei mächtigen mehreckigen Sockeln mit Kalksteinverkleidung aus flachen Rustikaquadern mit abgeschrägten Kanten besteht. Die Skulpturen, die einst das Portal schmückten, sind heute im friederizianischen Saal des Museo Campano verwahrt.

Foggia, Detail der Inschrift des Portals des palatiums *von Friedrich II.. Die Bogenleiste, die heute in die rechte Seitenmauer des Palazzo Arpi miteingefaßt ist, wird von zwei Adlern getragen und ist der einzig erhaltene Rest der Residenz des Kaisers in Foggia, die im Jahre 1223 unter der Leitung eines gewissen* protomagister *Bartolomäus gegründet wurde.*

Austausch an Techniken und Methoden ergab, wenn man an die Erfahrung der Ordensbrüder in der Leitung des Agrarbestandes der Abteien, in der Viehzucht, in der Bodenverbesserung denkt, wenn man die auf den klösterlichen Baustellen angewandten Techniken in Betracht zieht. Nach den Aufzeichnungen aus einer Chronik der Zisterzienserabtei von S. Maria di Ferraria in Kampanien, soll der Kaiser im Jahr 1224 einige Mönche eingestellt haben *ad construenda castra et domicilia*, und einer von diesen, als *Domnus Bisancius* erkannt, soll der Bauleiter des Tores von Capua in den Jahren 1238-39 gewesen sein; die Ergebnisse des gegeseitigen Austausches sind sowohl in der eisernen Maßeinheitlichkeit ad quadratum sichtbar, eine für die zisterziensische Bauweise typische Form, die wiederholt in der Aufteilung des Raumes in den staufischen Festungen auftritt, als auch in den Zugeständnissen zum Natürlichen, deren scheue Anzeichen an den strengen Klosterstrukturen zu erkennen sind.

Nach seinem Aufenthalt in Deutschland begann der Kaiser seine Bautätigkeit in Apulien im Jahr 1223 mit der Errichtung des *palatium* von Foggia nach dem Plan und unter der Leitung des *protomagister* Bartolomeo da Foggia; davon ist uns heute nur mehr die Bogenleiste des Eingangs erhalten. Hier richtete der Kaiser seinen Hof ein. Darauf folgten Jahre der Instandsetzung der Schlösser an der Küste: zwischen 1225 und 1228 war die Baustelle in Barletta aktiv, in den zwanziger und dreißiger Jahren widmete man sich den Städten von Bari, Trani und Brindisi. Um 1233 gab der Herrscher mit dem Bau des *palatium* von Lucera ein Beispiel des erneuten Einsatzes von Schmuck- und Verzierungsmotiven.

Karte der Schlösser und der domus *der Capitanata (aus Leistikow). Der Author der Karte bestimmt die Lage der* castra, domus *und* palatia *des 13. Jahrhunderts, um das Gesamtbild des Gebietes wiederherzustellen. Insbesondere sind die Gebäude des* Statutum de reparatione castrorum *in Kursivschrift angegeben und mit einer Zahl versehen, die sich auf die entsprechende Urkunde bezieht; die* castra *sind unterstrichen, während die* domus *nicht unterstrichen sind.*

Lucera, Darstellung des Innenhofes des kaiserlichen Palastes, aus einer Zeichnung von Jean Desprez (1778). Beachtenswert ist, über den Reiz dieses vertikalen Querschnittes der Ruine hinaus, die deutlich sichtbare Struktur des Gebäudes, die auch unter dem Gesichtspunkt der Verzierung einen Vorläufer späterer bautechnischer Lösungen von Castel del Monte darstellt.

Auf den folgenden Seiten:
Lucera, einige Details der Befestigungsanlage: die polygonale Ummauerung mit Türmen, die von den Anjous errichtet wurde und rechts unten die Ruinen des palatium aus der Zeit Friedrichs II., das im Jahr 1233 gegründet wurde. Es wurde über einem quadratischen Unterbau errichtet und besaß unrsprünglich keinen richtigen Eingang: man konnte es ausschließlich über provisorische mobile Einrichtungen betreten, die im Falle einer Gefahr entfernt wurden; die innere Anlage war sehr gegliedert und enthielt sowohl die Wohnräume des Kaisers und seines Hofes, als auch die Schlafsäle für die Garnison im Unterbau.

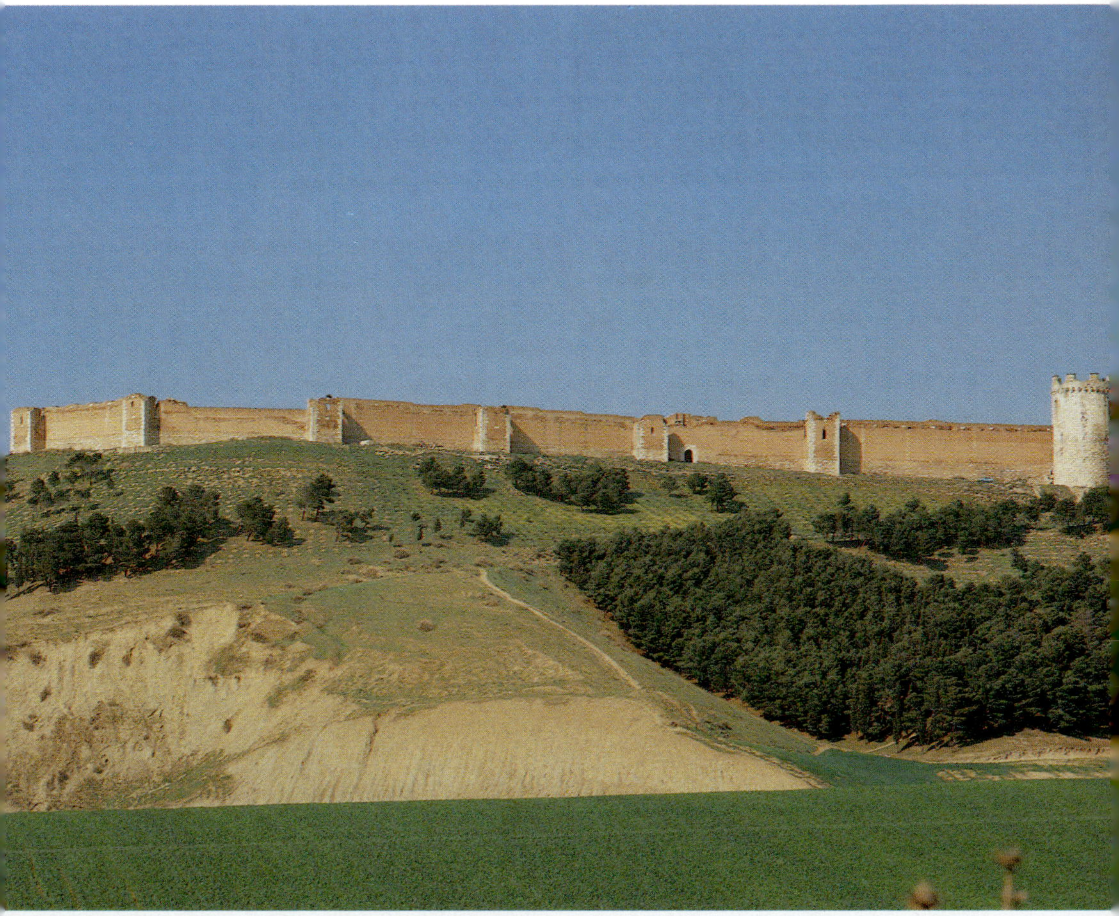

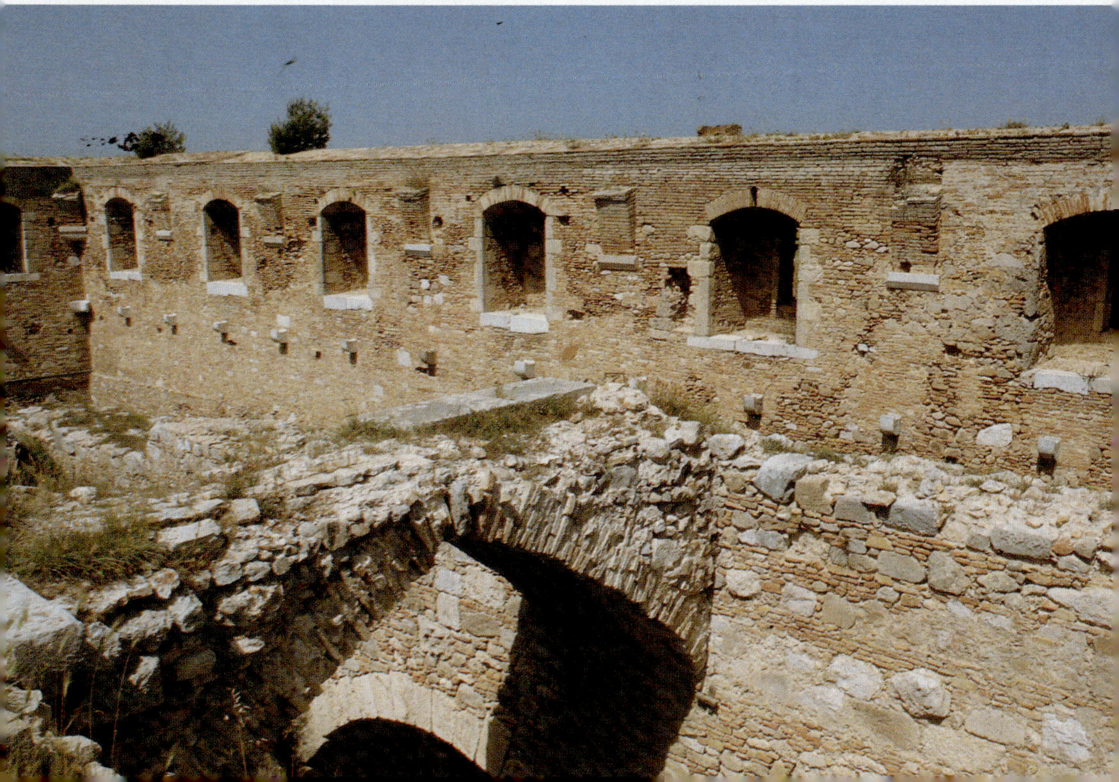

Wie aus den Zeichnungen von Jean Desprez vom Jahre 1778 hervorgeht, gehörte der Palast zu den kaiserlichen Residenzen, den *domus solaciorum* (also Stätten der Unterhaltung und der Ruhe) und Jagdschlössern, die über das ganze Gebiet der Capitanata und der Terra di Bari verteilt waren. Von einigen Residenzen sind nur spärliche Reste erhalten, wie in Palazzo S. Gervasio oder Apricena; es sind jedoch Zeugnisse zahlreicher Jagdpavillons vor allem in der Capitanata vorhanden (Orta, Guardiola, Salpi), von Parkanlagen für Wild und Vogeljagd in S. Lorenzo in Pantano bei Foggia, in Melfi und Gravina. Sogar der Historiker Vasari deutet in seinen *Vite* auf einen gewissen Fuccio hin, ein florentinischer Architekt und Bildhauer, der vom Kaiser beauftragt wurde "einen ummauerten Park für die Vogeljagd bei Gravina und einen in Melfi für die Winterjagd zu entwerfen".

Also, es gab eine klare Einteilung der Bauten nach Klassen, die durch ihren Zweck bestimmt wurden, wenn auch in den Urkunden oft die Bezeichnungen *castrum, domus* und *palacium* ein und demselben Bau zugeschrieben werden.

Gravina, Ausblick auf das Schloß. Wahrscheinlich nach dem Kreuzzug der Jahre 1228-29 gegründet, wird es einem Architekten aus Florenz zugeschrieben, Fuccio genannt (der gleiche, der im neapoletanischen Castel dell'Ovo tätig war), der vom Kaiser beauftragt wurde, ein Gebäude zu Jagdzwecken zu entwerfen; dieser spezifische Zweck soll durch das Vorhandensein eines den Falken gewidmeten Saales und durch die in der Umgebung befindlichen Wälder und Seen bezeugt sein.

1.4   Die Bautypologien. Wissenschaft und Wissen

Die Bautypologie aus Friedrichs Epoche ist durch die Strenge der geometrischen Formen gekennzeichnet, und zwar nach einem festen Schema, das nur selten, wie im Falle der Schlösser von Bari, Brindisi und Gioia del Colle, der Anpassung an bestehende Strukturen Zugeständnisse macht.

Die augenscheinlichsten Merkmale sind die Symmetrie und das geometrische Gleichmaß, die in den meisten Fällen von einem viereckigen Grundriß ausgehen; die Bauten sind mit zylindrischen oder quadratischen Ecktürmen versehen und weisen manchmal zusätzliche Türme in der Mitte auf, die auch polygonal sein können; im Herzen des Gebäudes befindet sich der Hof, um den sich die geschlossenen Räumlichkeiten gruppieren, die entlang des gesamten Umfanges verteilt sind. Diese Richtlinien wurden vorwiegend in den neuerrichteten Bauten befolgt, man kann sie zum Beispiel in Lagopesole nachvollziehen (ein Viereck mit quadratischen Ecktürmen), im sizilianischen Schloß von Augusta (im Jahre 1232 über einem quadratischen Grundriß mit quadratischen Ecktürmen und Zwischentürmen errichtet), im Castel Maniace in Syrakus (ein Quadrat mit zylindrischen Ecktürmen, 1239 errichtet), im Castel Ursino in Catania (gleiches Grundschema, mit zusätzlichen Zwischentürmen über dem Zwischenwall, 1237 bis 1250 erbaut), und im Schloß von Prato (ein Quadrat mit Eck- und Zwischentürmen, 1237 bis 1248 errichtet).

Alle weisen typische und in sich ähnliche Merkmale auf, die darauf hindeuten, daß diesem architektonischen Konzept ein Quadrat zugrunde liegt. In Lucera beginnt das Quadrat in ein Achteck abzuweichen, mit einem nach den architektonischen Formen des *donjon* errichteten *palatium,* also mit äußerem quadratischen Grundriß und einem achteckigen Innenhof, der sich über einem pyramidenstumpfartigen Sockel erhebt; die endgültige Änderung vollzieht sich in Enna, wo der sogenannte Friedrichsturm einen achteckigen Grundriß und drei Stockwerke besitzt (wovon heute nur zwei erhalten sind), die später mittels einer Wendeltreppe verbunden wurden.

Eine Vollendung dieses architektonischen Schemas bietet Castel del Monte, das gleichzeitig auch dessen anfängliches Konzept darstellt, wenn man den Glockenturm von Monte S. Angelo, der von zwei einheimischen Baumeistern, Giordano und Maraldo, entworfen wurde, als dessen direkte Entwicklung ansieht.

Solche Entwürfe und deren *esprit de geometrie* sind nicht nur Merkmale der Persönlichkeit Friedrichs II., sie gehören auch dem Rationalismus der Zeit an; die während der staufischen Epoche erzielten Ergebnisse, die in Castel del Monte ihren Höhepunkt finden, sind also nicht als ein Wunder anzusehen, sondern als Teilprodukte der mathematischen Forschung der damaligen Zeit.

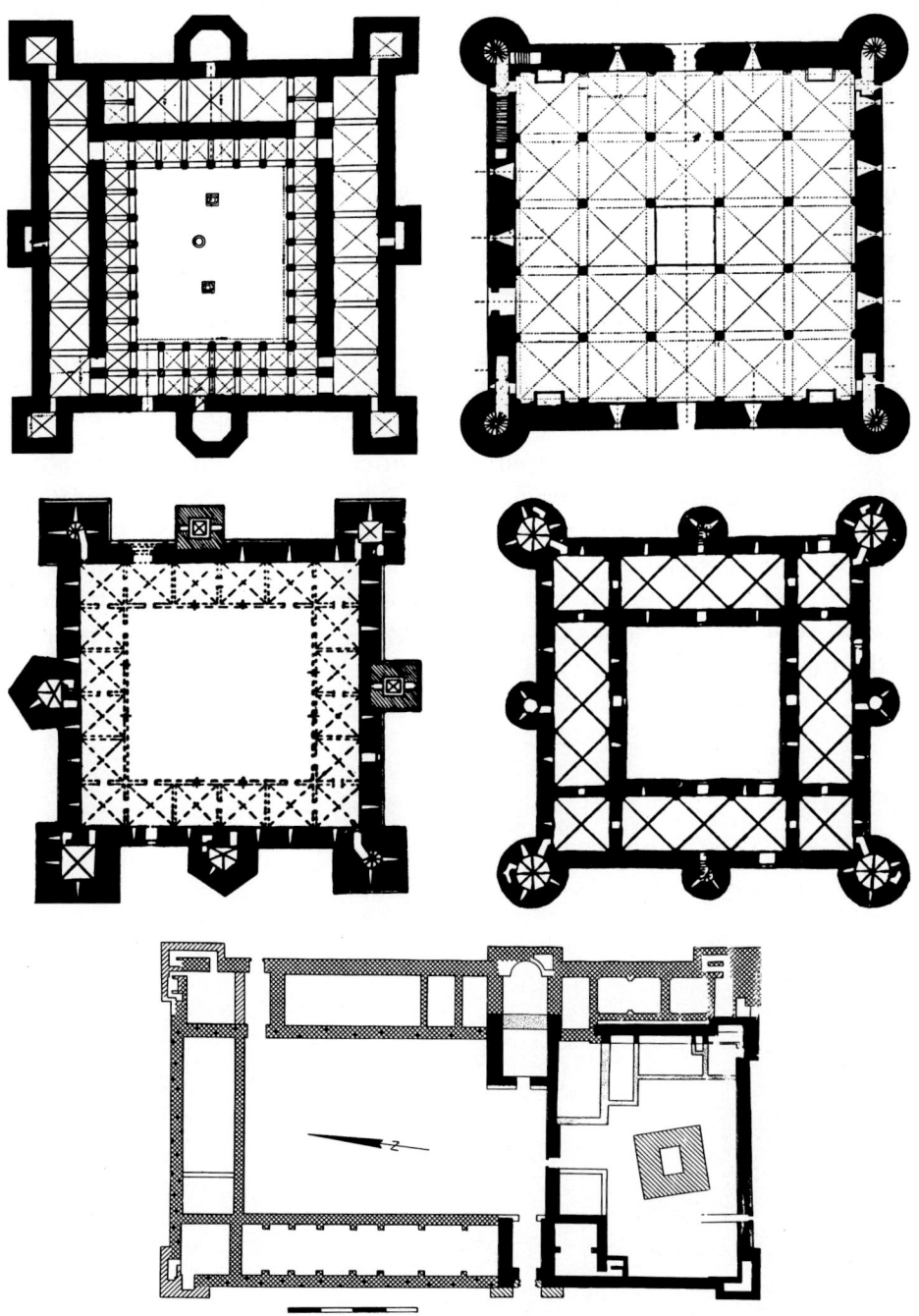

Einige Grundrisse friederizianischer Schlösser; von links nach rechts und von oben nach unten: das Schloß von Augusta, Castel Maniace in Syrakus, das Schloß von Prato, Castel Ursino in Catania und das Residenzschloß von Lagopesole. Aus dem Vergleich dieser Lagepläne geht hervor, daß in allen Bauten die Wiederholung gewisser Konstanten einbezogen wurde: Geometrie, Symmetrie, Wiederholung des quadratischen Grundelementes.

Man denke an den Fall der Tour de Constance (1250) in Aigues-Mortes, in der Nähe von Nîmes, einer typischen mit Festungsanlagen versehenen Stadt, die von zwei Genuesern für LudwigIX. entworfen wurde: eine zylindrische Struktur auf zwei Ebenen mit rundem Saal im Erdgeschoß, der mittels einer Treppe mit der kreisförmigen Galerie des Obergeschosses verbunden ist. Oder man denke an den normannischen Wartturm in Conisborough, im Yorkshire, mit zylindrischer Bauform, polygonalen Strebepfeilern und drei runden Sälen aus denen man über Innentreppen den Zwischenwall erreicht. Diese Tendenz findet in ganz Europa Verbreitung, bis hin zu den Exzessen des Schlosses von Queensborough in Kent (1361-77), mit runder Turmform und zylindrischen Außentürmen, umgeben von ebenfalls kreisförmigem Wall und Graben.

Man braucht sich also nicht zu wundern, wenn man im Mittelalter so oft auf ausgesprochen geometrische Formen stößt: der gemeinsame Ursprung ist viel älter, er läßt sich bis hin zum römischen *castrum* verfolgen, der geometrischen Form *par excellence,* die die Mauren, die Byzantiner, die Kreuzfahrten überlebte und dank welcher die zahlreichen von Kunsthistorikern beschriebenen Ähnlichkeiten der staufischen Modelle mit morgenländischen Bauformen zu erklären sind.

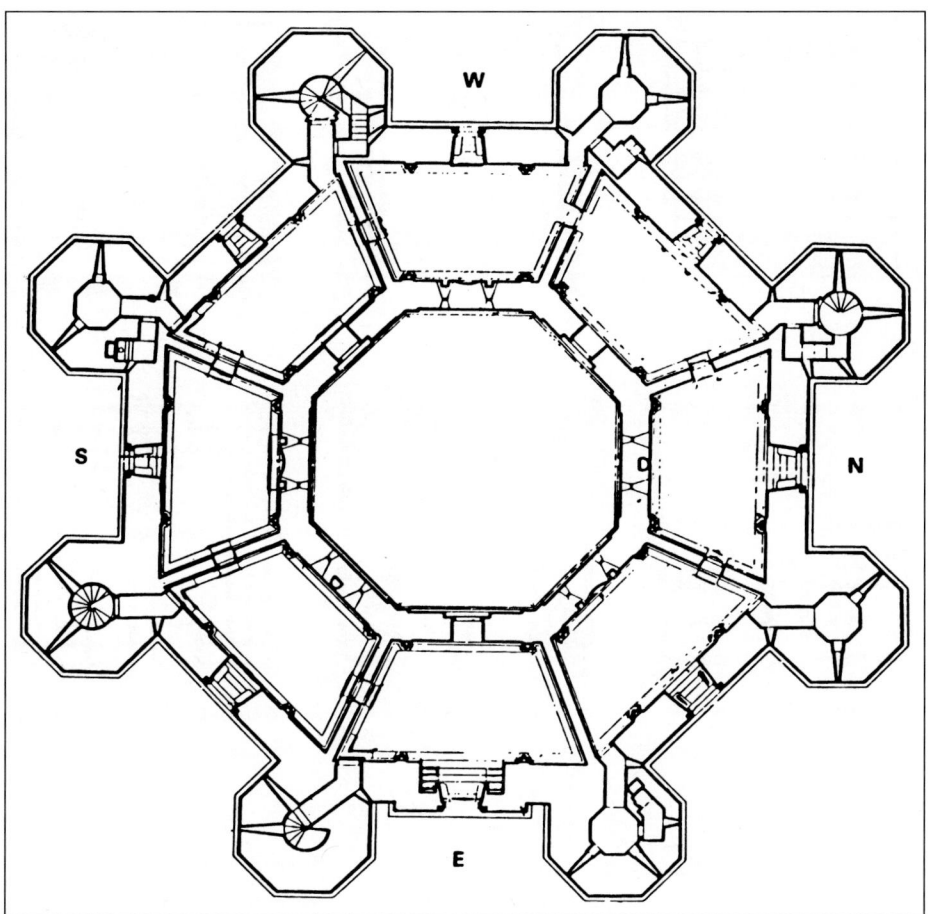

Links:

Lucera, Außenansicht des palatium, *nach einer Zeichnung von Jean Desprez (1778).*

Der beinahe nostalgische Zauber der Ruinen läßt trotzdem die Identifizierung der komplexen Gliederung des Bauwerkes zu, das sich wie ein mächtiger donjon *erhebt, der dennoch mit den raffinierten und zahlreichen Verzierungen einer Residenz versehen ist.*

Oben:

Castel del Monte, Grundriß. Der komplizierteste und rätselhafteste unter den Bauten von Friedrich II. von Hohenstaufen, aber auch der bekannteste, der sich in einer einsamen Gegend bei Andria befindet in Höhe von 500 m. ü.d.M. Er stellt unter allen Gesichtspunkten eine Synthese der Ideen und Projekte des Kaisers dar, doch auch eine geniale summa *des mathematischen Wissens der damaligen Zeit.*

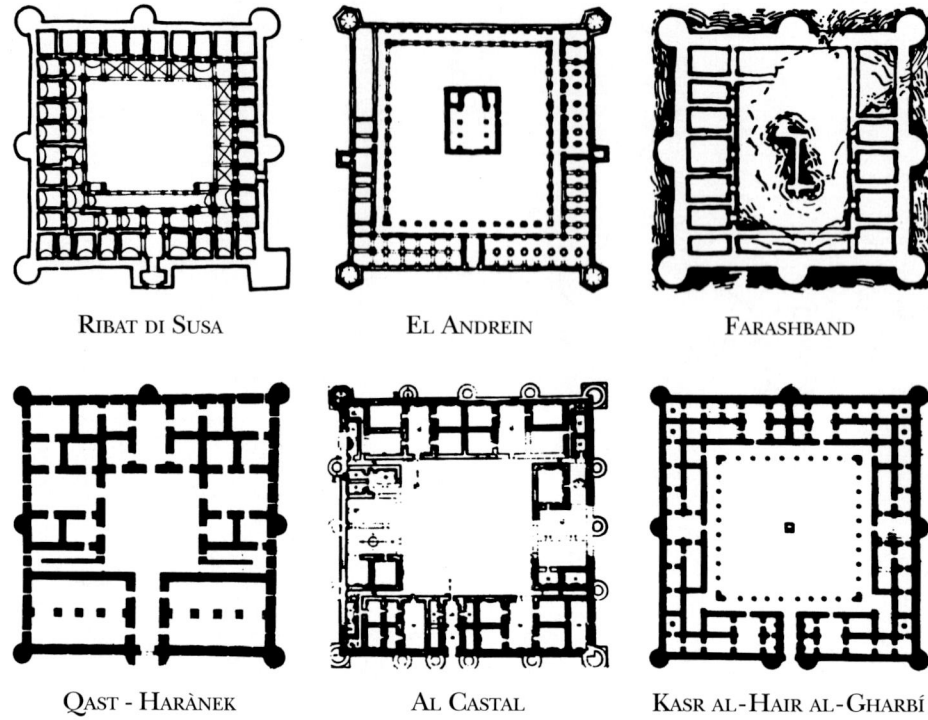

RIBAT DI SUSA   EL ANDREIN   FARASHBAND

QAST - HARÀNEK   AL CASTAL   KASR AL-HAIR AL-GHARBÍ

Oben:
Grundrisse morgenländischer Schlösser. Abgesehen von den deutlichen Ähnlichkeiten zu den Lageplänen der friederizianischen Schlösser besteht ein gemeinsamer Bezugspunkt: das Schema des römischen castrum, *das auf der Wiederholung eines Grundmoduls basierte und auf die Gliederung eines geometrischen Rasters, das aus dem Grundelement entwickelt wurde.*

Rechts:
Die Miniatur bildet einige Phasen im Bau eines mittelalterlichen Gebäudes ab. Der steinerne Quader wurde nach oben gehievt, und zwar mit Hilfe von Körben, sowie mit riesigen Zangen, die mit einem Flaschenzug bedient wurden (Bayerische Staatsbibliothek, München).

Die Festung und die Burg sind Gebäudearten, die sowohl zu privaten als auch öffentlichen Zwecken dienten; die aus Friedrichs Zeit stammenden zeigen durch die Aufgliederung des Gefüges, daß wohl eine Vielzahl an Baumeistern mit verschiedenartigen Erfahrungen sich an deren Vollendung mitbeteiligt haben mußte. Die Sachkenntnisse und die Kultur der im Laufe des 13.Jahrhunderts in Süditalien aktiven *magistri* sind ein Zeichen der Atmosphäre, die die Person des Kaisers umgab, der wichtigen Rolle seiner Bauaufträge und seines Hofes, der einen Anziehungspunkt für Intellektuelle und Künstler jeder Art darstellte.

Aimer vngerischen
der ander ræusischen
Der dritt pehaimnischen red
der vierd dæutsch an der stet
Der fünst redet chriechischen
der sechst haidenischen
Also het sich ir red verchert
alz si got selber het gelert
Ju zwo und silenczick zungen
also waz in gelungen
Beten siwein ein maurmaister red
der werchman ie ein anders tet
Wolt er stain er pracht im saut
wan im sein red waz vnbechant
Da hezzen si den Turn sten
und begunden an die erd sten
Dhain maurer chom hin wider
also telaib der turn sider
Die sprach wil ich ew nennen
daz ir si müst erchennen
Vnd wil auch si beschaiden
dew sprach vnder den haiden
Waz ain vnd silenczick bechant
vber al in der haiden lant
Die inden habent auch ainew
und auch nie dhainew
Ebraisch ist si genant
wan si got pey dem ersten vant
Da von so ist mir swær
daz got vnser schepfær
Den christen hat newr zwelf seben
di christenleichen solten leben
Vnd ist daz die zwelf zungen redt
lebent so sind si gotes chnecht
Die sechtzick zung vloren sint
die müzzen sein der hell chint
Alz vns die pfaffen habent gesaut
für die ganzen warhait

*Aus dem Skizzenbuch
von Villard de Honnecourt*

Links, Zeichnungsmodelle *(fol.18v), Schloß, Entwürfe von männlichen Köpfen, ein Pferd, eine Hand, ein Hund, ein Bock, ein Wappenadler und Straußvögel. Der Text in Originalsprache erklärt, "daß hier die Methode des Figurenzeichnens einsetzt, so wie es die Kunst der Geometrie lehrt, um mit größerer Leichtigkeit arbeiten zu können"; dies betrifft die einfachen Schemata, die regelmäßige geometrische Figuren verwenden, wie Sterne, Dreiecke, Quadrate, Kreise, die die wichtigsten Punkte der Figuren miteinander in Verbindung setzen und somit deren Nachbildung vereinfachen. Es handelt sich um ein Verfahren, das später in verfeinerter Weise von Zeichnern wie Leonardo da Vinci eingesetzt wurde, der zum Beispiel eine menschliche Figur in einen Kreis einschrieb, im Versuch, die idealen Proportionen des menschlichen Körpers in regelmäßigen geometrischen Figuren zu entdecken.*
Rechts, *Verfahren und Aufzeichnungen für das Bauwesen (fol. 20r). Die im Skizzenbuch unter jeder Zeichnung notierten Erklärungen beschreiben mit Genauigkeit, um was es sich handelt und wie man vorgehen soll: von oben nach unten und von links nach rechts, wie man den Durchmesser einer nicht gänzlich sichtbaren Säule berechnet, wie man mit Hilfe eines Kompaß den Mittelpunkt findet, wie man das Modell eines großen Bogens bis drei Meter tief in den Boden vorbereitet, wie man einen Bogen, dessen Mittelpunkt sehr hoch liegt, sehen kann, wie man eine Kapelle mit zwölf Fenstern baut, wie man die Anblattungen zuschneidet (Kämpfer eines Gewölbes), wie man zwei Steine auf einen Punkt fallen läßt, wie man den steinernen runden Rahmen eines Fensters zuschneidet, wie man eine schräge Kurve zuschneidet, wie man eine Brücke über einem Fluß mit zwanzig Fuß langen Stämmen errichtet, wie man einen Laubengang baut, wie man die Breite eines Flusses ohne ihn zu überqueren mißt, wie man die Breite eines eintfernt liegenden Fensters mißt, wie man die vier Eckpunkte eines Laubenganges ohne Lot oder Wasserwaage ausmacht, wie man einen Stein zerteilt, um zwei quadratische Hälften zu erhalten, wie man die Schraube einer Ahle dreht, wie man zwei Vasen erhält, wovon eine doppelt so groß ist wie die andere, wie man einen Sturzbogen zuschneidet.*

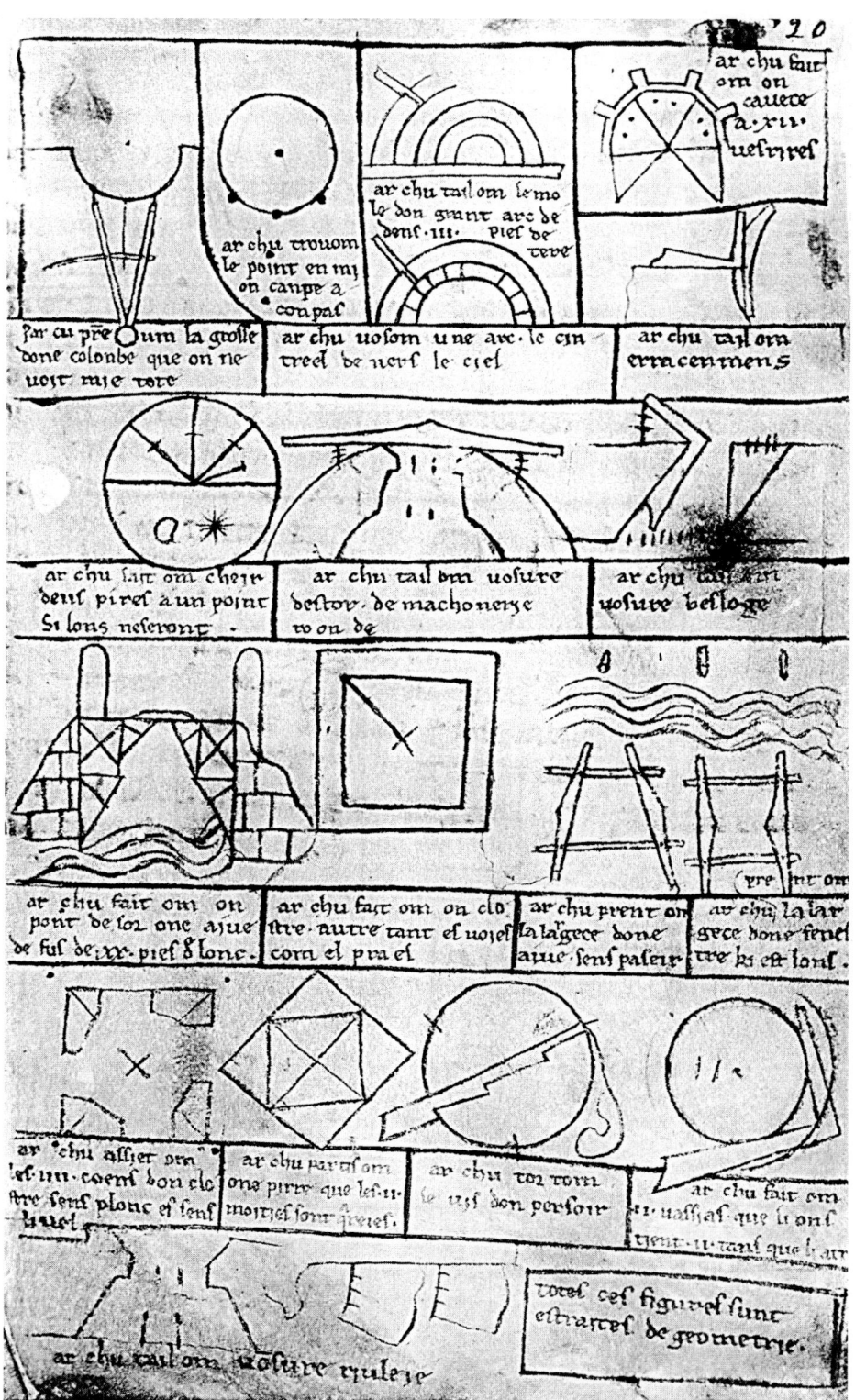

All diese Elemente trugen in hohem Maße dazu bei, neue Kultur- und Geschmackstendenzen zu entwickeln, und seine Beziehung zur Welt der *artes mechanicae* ließ eine Vielzahl von Fachleuten zu Ausdruck kommen, welche der Umgebung des Hofes die internationalen Merkmale einer in hohem Grade repräsentativen Gotik verliehen. Die *artifices*, die in den *camerae regiae* des Kaisers, in seinen Ateliers tätig waren, waren in eine Vielzahl verschiedener Klassen eingeteilt: *magistri tarsiatores, carpentarii, magistri ingeniorum, muratores;* und weiter *artifices qui in auro et argento laborant, sellarios et scutarios, fabros.* Jeder möglichen *ars mechanica* kundige *magistri* verschiedenartigen Ursprungs; sie waren auf der Baustelle sowohl der technischen Leitung eines *protomagister* oder *praepositus aedificiorum* unterstellt, welcher über alle Teilaspekte des Projektes Bescheid wissen mußte und die Einheitlichkeit der Ausführung zu gewährleisten hatte, als dem direkten Eingreifen des Kaisers im Entwerfen der von ihm in Auftrag gegebenen Gebäude.

Das Fachwissen der auf den kaiserlichen Baustellen aktiven *magistri* und *artifices* beinhaltete sowohl eine genaue Kenntnis der Kunst des Zeichnens, als auch die der Regeln der Proportion, wie man aus dem modularen Konzept der Entwürfe und aus der Wiederholung der architektonischen Einheit ersehen kann.

Castel del Monte, Kragstein des dritten Turmes. Es handelt sich um einen der zwei noch erhaltenen Kraghäupter des dreigeteilten Gewölbes des Turmes "del falconiere"; ein männliches Antlitz ist dargestellt, vielleicht ein Faun, der durch einen starken gotischen Einfluß gekennzeichnet ist; dieser ist in der ungestümen Ausdruckskraft erkenntlich, die durch die künstliche Beleuchtung hervorgehoben wird (man denke an die möglichen Lichteffekte der Leuchtfackeln…).

*In der Miniatur ist die Tätigkeit einer mittelalterlichen Baustelle abgebildet: Um den obe-
ren Teil des Gebäudes zu vollenden bedienen sich die Maurer eines äußeren Baugerüstes
und eines Flaschenzuges, der durch "Beinkraft" betätigt wird (Württembergische
Landesbibliothek, Stuttgart).*

Die geometrischen Kenntnisse bezogen in der damaligen Tradition die Anwendung von Zahlen und Formen symbolischer und religiöser Bedeutung mit ein, aber hinter all diesen Ziffern, Formen und der Bauweise selbst steckte ein großes fachliches Wissen. Das persönliche Interesse von Friedrich auf diesem Gebiet wird durch seine Beziehung zum Mathematiker Fibonacci aus Pisa bezeugt, dem vom Kaiser vielerlei Fragen gestellt wurden (die er auch beantwortete), und welche noch heutzutage die Wissenschaftler beschäftigen, da man sich nicht erklären kann, nach welchem Prinzip er diese Aufgaben so präzise lösen konnte.

Der Übergang von der Zahl zur Form ist durch das Modul *ad quadratum* gegeben, wobei das architektonische Konzept modular weiterentwickelt wird bis hin zur Ausarbeitung eines Grundsystems. Die augenscheinlichen Ähnlichkeiten zu den zisterziensischen Bauten lassen sich somit nicht alleine durch die schon erwähnten Beziehungen des Kaisers zum Orden erklären, sondern auch durch die mittelalterliche Sitte, ein quadratisches Modul als grundlegendes Entwurfsschema anzuwenden. Das Quadrat und der Kreis stellten die vitalen Elemente, Erde und Himmel, Menschliches und Göttliches, dar; das Achteck war wegen seiner Mittlerrolle zwischen den beiden Figuren und wegen seiner das Unendliche beschwörenden Kraft das Zielobjekt.

Das persönliche Interesse des Kaisers für die verschiedenen Ausarbeitungsphasen der Bauprojekte ist oft buchstäblich aufgefaßt worden, es entstand der Mythos des zeichnenden, entwerfenden und bauenden Friedrichs. Der Author der wichtigsten Biographie über den Herrscher erinnert daran, daß "Friedrich II. weder Hammer noch Meißel jemals benutzt hat, aber alle Bildhauer seiner Zeit sind von ihm erschaffene Wesen und Schüler gewesen". In der Tat, wie Friedrich seine politischen Richtlinien festzulegen und einzuleiten wußte, so war er imstande seine Paläste zu entwerfen, ohne deshalb unbedingt zum Bleistift greifen zu müssen; die Klarheit, mit welcher er seine Wünsche formulierte ließ das Gerücht aufkommen, daß er *"proprio manu consignavit"*, sodaß der große Emile Bertaux behaupten konnte: "C'est l'empereur qui a été le vrai sculpteur et l'architecte".

Rechts:
Aus dem Skizzenblock von Villard de Honnecourt. Grundriß des Turmes der Kathedrale von Laon (fol. 9v). Die Erklärung gibt an, es handle sich um das erste Geschoß, wo der Turm eine achteckige Form annimmt; die vier kleinen Türme sind quadratisch und stützen sich auf Gruppen von drei Säulen. Die Beschreibung endet mit einem Ratschlag, der wohl den Fachleuten zugedacht war: "Arbeitet mit Sorgfalt, so werdet ihr wie achtsame und vorsichtige Menschen handeln".

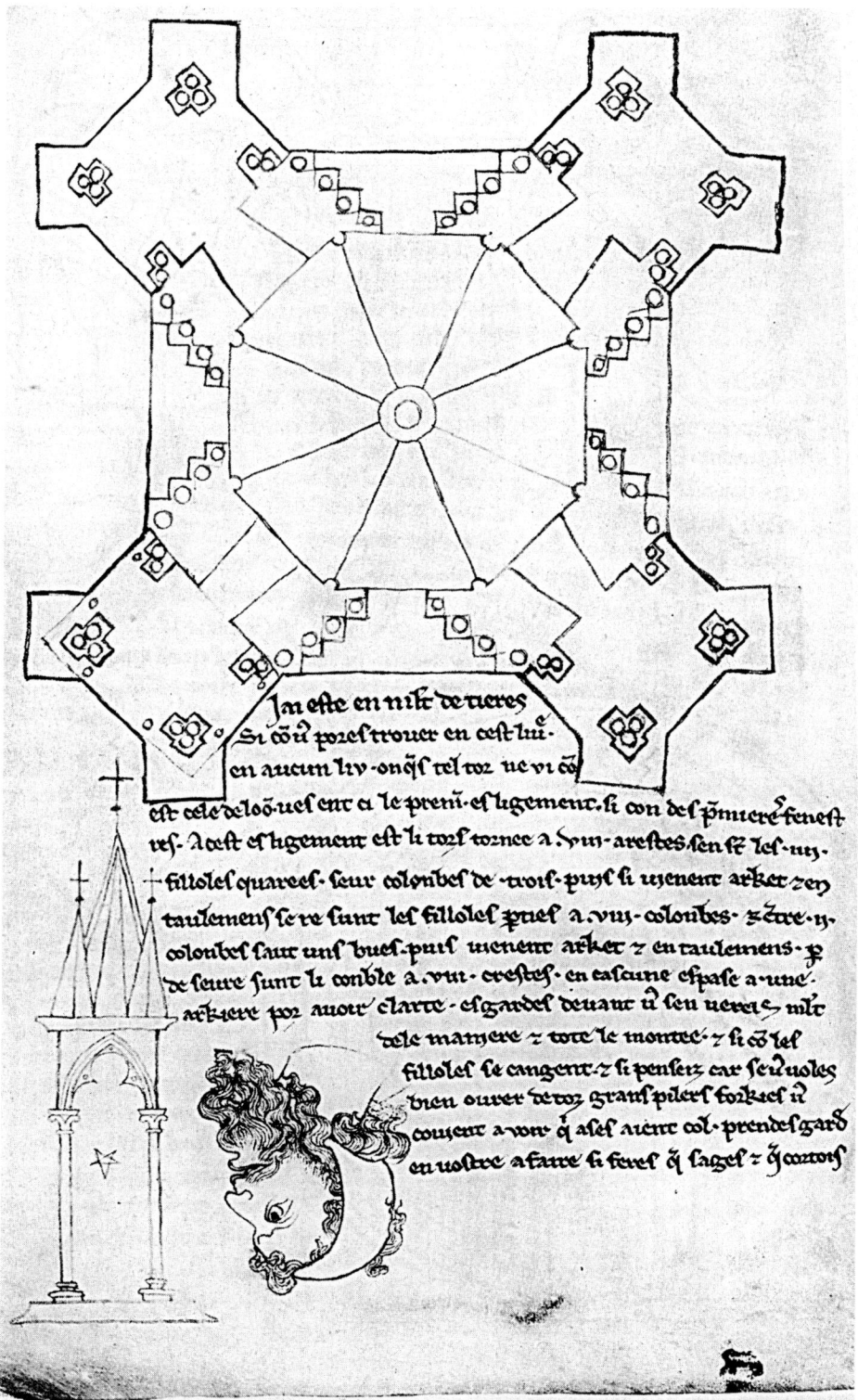

Jn efte en nile de tieres
Si con pozes trouer en cest lui.
en aucun liu·onos tel toz ne vi con

est cele delos·ues ent ci le prem·es ligement. si con des pmiere fenes
tres· A cest es ligement est li tors tornee a ·hun· arestes sen st les ·un·
fillolet quarees· seur colombes de ·trois· puis si uienent arker zen
taulemens se re sunt les fillolet pues a ·vin· colombes· z etre ·n·
colombes saut uns buef·puis uienent arker z en taulemens· p
de seure sunt li comble a ·vin· crestes· en cascune espase a ·une·
arkiere por auoir clarte· esgardes deuant u seu ueres· mlt
dele maniere z tote le montee· z si con les
fillolet se cangent·z si penses car seu uoles
bien ouer detoz grans pilers forkues il
couuent a uoir q ases aient col· prendes gard
en uostre afaire si feres q sages z q cortois

Natürlich steht hinter der praktischen Realisierung der kaiserlichen Idee ein Erbgut an theoretischen Kenntnissen, an Erfahrung, Können und Kreativität, die nicht der Genialität eines einzelnen Menschen zugeschrieben werden können. Ein ausgezeichnetes Mittel, um die Vorgänge kennenzulernen, die von den Baumeistern des 13.Jahrhunderts angewandt wurden, sind ihre schriftlichen Aufzeichnungen, wie zum Beispiel die des französischen Architekten Villard de Honnecourt, Zeitgenosse des staufischen Herrschers. Dieses "Album" besteht aus mehreren Pergamentblättern, auf welchen die verschiedensten Details von Gebäuden, Skulpturen, Werkzeugen, Maschinen und Figuren aufgezeichnet oder skizziert sind, die den Author im Laufe seiner zahlreichen Reisen durch ganz Europa beeindruckt hatten, und die er wahrscheinlich für seine Arbeit benötigte. Die Aufzeichnungen, meist mit genauen Erklärungen oder vorübergehenden Eindrücken versehen, bezeugen, wie Erfahrung auch durch die Beobachtung der praktischen Arbeit "auf dem Feld" erworben wurde, ein unumgängliches Mittel, das mit dem Grundkonzept des berühmten Werkes *De arte venandi cum avibus* in enger Verbindung steht, worin behauptet wird, man wolle damit *"ea quae sunt sicut sunt"* zeigen, das heißt, die Dinge so, wie sie in Wirklichkeit sind. Wir können davon ausgehen, daß Villard de Honnecourt wohl damals nicht der einzige war, der solch ein Zeichenbuch besaß, und die Tatsache, daß viele andere solche Büchlein verloren gegangen sind, beweist deren alltäglichen Gebrauch in der Art von Hilfsmitteln für die auszurichtende Arbeit, also keine wertvollen Bänder, die in Bibliotheken aufbewahrt werden mußten.

Die Epoche Friedrichs II. ist also gewiß eine ereignisreiche Zeit gewesen, in deren Lauf ein starker Verkehr an Menschen, Bildern, Zeichnungen, aber vor allem an Ideen stattfand. Aus dem Wunsch ein Modell festzulegen, das den "hervorragenden" Charakter seines Hofes darstellen sollte, entstand die sogenannte sizilianische Lyrikschule, die, gleich der Ausübung der Wissenschaften, bezeugen sollte, daß der Herrscher und sein Hof das intellektuelle Zentrum und das Herz der Kultur aller Welt schlechthin darstellten; aus dieser Perspektive sollte auch die Gründung der Universität von Neapel interpretiert werden, ein weiterer Baustein des großartigen Planes der Selbstverherrlichung.

Vieles ist schon über den wissenschaftlichen und empirischen Charakter der Kultur zur Zeit Friedrichs II.gesagt und geschrieben worden, über die Vielseitigkeit und "Interdisziplinarität" seines Hofes, und vieles mehr erweckt weiteres Interesse. Friedrich fühlte sich von der Wissenschaft angezogen, er gab sich mit einfachen Erklärungen nicht zufrieden, er verlangte stattdessen dauernde, auf Erfahrung basierende Überprüfungen; eine Zeitchronik, oft als Klatsch interpretiert, erzählt, der Kaiser habe einen Verurteilten in ein großes Faß einsperren lassen, worin dieser erstickte, um persönlich nachzuprüfen, ob man dessen Seele beim Verlassen des toten Körpers beobachten konnte. Einer der bekanntesten Wissenschaftler des Hofes ist Michele Soto gewesen, Übersetzer des Arabischen und Verehrer der arabischen Kultur, der für den Kaiser Werke über Alchimie und Astrologie verfaßte, und welcher eine Fassung des *De animalibus* von Aristoteles ausarbeitete, die den Kaiser anregte, sich mit dem Thema eingehender zu beschäftigen, bis hin zu seiner eigenen Abhandlung über Vogelkunde und Falknerei *De arte venandi cum avibus.* Das stärkere Interesse für die arabische und jüdische Kultur im Vergleich zur altgriechischen, wenngleich letztere in der Tradition der süditalienischen Kultur tief verwurzelt war, läßt sich durch das wachsende Interesse für die Mathematik, die Geometrie, die Metereologie, die Sternenkunde, die Alchimie, die Kosmologie, die Medizin, die Musik und die Physiognomik erklären, sowie mit der allgemein üblichen Durchführung von Versuchen, die in irgendeiner Weise mit dem Geheimen und Rätselhaften zu tun hatten und sicherlich nicht abendländischen Ursprungs waren, die auf jeden Fall zum Zweck einer erweiterten Beherrschung der materiellen Welt ausgeführt wurden. Da die Verbreitung der Wissenschaft auch Licht auf die Erkenntnis wirft, wurde sie damals nur im Schatten der königlichen Wohnsitze von wenigen Auserwählten gepflegt und diente den Zwecken der Wenigsten; so entstand der noch heute bezaubernde Mythos, der den Antichrist erschaffte, als dessen Reinkarnation der Volksglaube paradoxerweise den Kaiser erkannte.

Auf den folgenden Seiten:
Zwei Seiten aus dem De arte venandi cum avibus: *Es handelt sich hierbei um einige Verteidigungsarten der Vögel, die in allen Details durch Text und Bilder veranschaulicht werden. Z.B., erfahren wir aus dem Blatt links (42 verso), daß die Großtrappen und die Zwergtrappen (die ersten zwei von oben links) aufspringen und den angreifenden Raubvogel anzuspringen versuchen, um ihn zu treten, während Gänse, Enten, Schwäne, Pelikane und Kormorane (alle im Teich am unteren Rand abgebildet) ins Wasser fliehen, da sie wissen, daß die Raubvögel sie nicht dorthin verfolgen werden. Auf dem rechten Blatt (43 recto) suchen die Elster und die Krähe Schutz auf den Bäumen (links oben), während die Großtrappe (rechts oben) ihre Exkremente auf den verfolgenden Raubvogel ausscheidet, oder die Federn aufplustert, um einen abweisenden Eindruck zu erwecken (rechter Rand, die zweite von oben).*

riparie sub se compriment ut
bistarde ⁊ que dicunt anates
campestres similes sunt bi
stardis s; longe minores ⁊ in
euitare turpem sonum faciut
ad teriterium coitus· Per
uolatum suum multiplic ec
defendunt aues· Nam alie p
longum uolatum grunt et
uatere ut grues· alie puella
ad uenendum ad locum tef
sionis sue· ut picarum ⁊ omr
nium modi· alie p uariame
ta ⁊ per cessiones quas faci
unt in uolando· ut modi p
ronum· cornices upupe: um
nelli· pice· ⁊ plures alie· Alie
uo p uolatum ad altiora se q
sunt tesentere· ⁊ hoc duobz
modis· Aut enim directe af
cendunt· ut columbi· turtu
res anates campestres· Aut
in gyrum euniuolando· ⁊ secu
dum ad tesensionem su· ut
agrones qui sm q dicut ⁊ du
plici uniut· tefrusione· p uo
latum diuinent sair et
ascensus· ⁊ oms q per uolam
grunt tesentere se ascendun
to· idcirco ascendunt qd non
possunt supari· ⁊ uina ad am
uis rapiabz in magis ascende
do· Alie sunt que grunt tefen
tere se uolando ueris loca
de quibz timent riparies qm

 are ad ea non tesendunt· ut
anseres anates· ⁊ plures alie
ex auiem que uolunt circuit
loca in quibz sunt aq̄ magne
nemora eciam· ⁊ eanue te
quibz loca timent aues mpi
ces· ad hmodi enim loca timet
tesentere ⁊ accetere· Alie ad
maiorem securitatem su uo
latum suum faciunt i erpusa
lis· ⁊ in nocte· ut nocture· bu
vones· ⁊ uuertzui· qui p eo q
sunt timorosi nocte uolant
securius· **De modo tefen**
E modo autem sionis
tesensionis quem bif
aues refugiendo ad lo
ca securiora dicendum ē· q u
niuersalit oms aues ad plus
si possint refugiunt ad loca
naturana sue· ut ad simila
illis· Itq̄ siquidem q nate sut
ape aquas ad eas confugiunt
quas qdam naturnd in eas
solum hut tefensionem· ut
pellicani· qdam submergend
se penitus sub aquis· ut mo
di mergorum· angruum ⁊ a
barum plurium· qdam non
penitus submergendo se· sed
in parte ut cimini· ⁊ hmodi
modi· Aues vero que nõ na
tant· neq̄ sunt aq̄atie· timo
re auium rapamum ad agds
confugiunt· scium enim q

DIE ABHANDLUNG « *DE ARTE VENANDI CUM AVIBUS* »

De arte venandi cum avibus ist der Titel eines berühmten "Handbuches", das wie eine regelrechte Abhandlung über die Kunst der Falkenjagd aufgebaut ist; es wird in der Tradition Friedrich II. zugeschrieben und als eine wahrheitsgetreue Widerspiegelung seines Interesses für die Wissenschaft angesehen. Es besteht aus zwei klar abgetrennten Abschnitten: der erste Teil ist ein Traktat über Vogelkunde, besser gesagt eine Beschreibung, die von zahlreichen prachtvollen Miniaturbildern begleitet wird; sie stellen mindestens achtzig Vogelgattungen dar, die den Falken zur Beute fallen können. Die Intuitionen und die Aufzeichnungen über die Flug- und Verhaltensweisen stellen sich in vielen Fällen als heute noch gültig heraus. Der zweite Teil des Buches ist der bekanntere und ist der Falkenzucht und deren Zähmung und Abrichtung gewidmet; die den Text begleitenden Abbildungen folgen dem langsamen und geduldigen Rythmus der einzelnen Handlungen, nach den vom Kaiser seinen Falknern erteilten Anordnungen, die die Verhaltensweisen während des Prozesses der Gewöhnung des Falken an den Menschen regeln.

Es gibt mehrere Handschriften des *De arte venandi,* dessen wichtigste der Manfredkodex (der älteste davon) ist, der in der Vatikanischen Apostolischen Bibliothek verwahrt ist und wohl ab 1258 datierbar ist, und der Kodex von Bologna in 6 Bändern, der in späterer Zeit abgeschrieben wurde. Das Originalmanuskript ist mit wertvollen Miniaturbildern illustriert und wurde wahrscheinlich nach den persönlichen Anweisungen des Kaisers angefertigt, die von seinem Sohn Manfred nach seinen Notizen und Angaben aufgezeichnet wurden. Es handelt sich um ein Zeugnis von außerordentlicher Wichtigkeit, nicht nur aufgrund der Menge an Daten und Kenntnissen der damaligen Epoche, die es wiederbringt, sondern vor allem trägt es zum besseren Verständnis der vielseitigen Persönlichkeit Friedrichs und seines Wunsches *"ea quae sunt sicut sunt"* zu zeigen, das heißt die Wirklichkeit so wie sie ist, in allen Formen und Erscheinungen, auch durch seine Leidenschaft für die Tierwelt. Es ist bekannt, daß die Wissenschaften eine große Rolle im Leben des Kaisers gespielt haben: auch die Tierkunde erweckte des staufischen Herrschers Neugier, er führte persönliche Experimente aus, die zum Beispiel das Ausbrüten der Vogeleier, die Pflege der Tierkrankheiten, die Kreuzung zwischen verschiedenen Rassen betrafen; er begeisterte sich für die Pferdezucht und ließ seinen Mitarbeiter Giordano Ruffo unter seiner Anleitung eine Abhandlung über die Pflege kranker Pferde abfassen, vielleicht das erste Werk über tierärztliche Pflege in Europa überhaupt. Er züchtete Tauben und richtete sie zur Überbringung von Botschaften ab, vielleicht nach den Anweisungen einer arabischen Technik, er züchtete Hühner, Hunde und auf der Insel Malta sogar Kamele. Aber die Abfassung eines so umfassenden Werkes beweist vor allem, wie er insbesondere sein Interesse für die Vogelwelt vertiefte, das mit seiner Leidenschaft für die Jagd in enger Verbindung stand. Diese Leidenschaft wurde von ihm teuer bezahlt, wenn man bedenkt, daß im Jahre 1248 die von den kaiserlichen Truppen umzingelten Parmesaner seine Abwesenheit ausnutzten, um das Lager seiner Truppen zu plündern und gleichzeitig mit dem Staatsschatz auch das Originalmanuskript des *De arte venandi* raubten; es handelte sich um eine noch nicht endgültige Fassung, die hauptsächlich aus "fliegenden" Notizblättern bestand. Zu unserem Glück hatte sich Manfred aktiv an der Niederschreibung des Werkes beteiligt und war daher imstande die Gedanken des erlauchten Vaters getreu wiederzugeben und zu verbreiten.

1.5 Die staufische Kunst und der "Palaststil"

Die sogenannte staufische Kunst erweist sich in den Elementen ihres Aufbaus und ihrer Verzierungen als eine heterogene, zugleich klassische, islamische und gotisch-zisterziensische Kunst. Es handelt sich jedoch niemals um zufällige Zitate, diese sind immer das Ergebnis einer bewußten und gezielten Auswahl, Zeichen einer tiefgehenden Assimilierung und Durchsetzung verschiedener Kulturen. Die Beziehung des Kaisers zu den Zisterziensern, welche gotische und burgundische Formen in Italien verbreiteten, förderte die Einführung, bis hin in den Süden des Reiches, der Modelle und Systeme jenseits der Alpen, die man sowohl in den architektonischen Formen als auch hauptsächlich in der Bildhauerei und den sogenannten angewandten Künsten erkennen kann. Der friederizianische Klassizismus und die mythisierte Vorstellung eines Kaisers, der antike Kunstwerke schätzte und sammelte, sollten von zwei Standpunkten aus betrachtet werden: auf der einen Seite das einfache archeologische Zitat, wie auf den Portraits, auf den Goldmünzen *(augustales),* die den kaiserlichen, lorbeerbekränzten Kopf im Profil darstellen, und auf den bruchstückhaften Skulpturen der Porta di Capua; auf der anderen Seite der aus Reims und den Baustellen jenseits der Alpen stammende gotische Klassizismus in einer neuen und angereicherten Fassung, die schließlich durch Persönlichkeiten wie Nicola *de Apulia* (besser bekannt als Nicola Pisano) "exportiert" wurde. Ferner sollte auch nicht vergessen werden, wie in den Bauwerken die erfolgreiche Verbindung zwischen der Überarbeitung des Antiken und dem wertvollen, in den Kunstbauten verwendeten Material durch die reiche Anwendung von Marmor, Korallensedimentgestein, Kalkstein, Mosaiken, Intarsien und vielfarbigen Glasfenstern bezeugt wird.

Recto und verso *des Augustales von Friedrich II.. Die goldene Münze zeigt die Büste des lorbeerbekränzten Kaisers und den staufischen Titel als* Cesare Augusto Imperatore dei Romani, *jedoch nicht den Titel von König von Sizilien.*

Aber die friederizianische Kunst hat nicht nur die Bedeutung einer Überarbeitung der Vergangenheit und der Tradition gehabt; sie ist auch eine Neuerschaffung gewesen, die durch ihren "Palaststil" gekennzeichnet war, oft in der Art eines Propagandastils, der durch die Betonung des Symbols charakterisiert war, als Wiederspiegelung der politischen Idee und der Macht. Nachdem die Kunst kaiserliche Würde erlangt hatte, schlug sie eine neue Richtung ein, die einen Abbruch in der Kontinuierlichkeit mit der früheren normannischen und islamischen Tradition darstellte (nicht der Form nach, sondern im Wesen der Kunst selbst), um sich nunmehr dem Abendland zuzuwenden; sie sollte jetzt im Baudenkmal die geschichtliche Synthese und die neue Ideologie verkörpern, das wiederholte Auftreten offizieller Darstellungen des Kaisers, sowie der Einsatz von Symbolen, die die

kaiserliche Würde und Macht vor Augen halten sollten, hatten die Offenbarung der Allgegenwart des Herrschers zum Ziel.

Man denke an die Büste des Städtischen Museums von Barletta, die angeblich den Kaiser darstellen soll, und die an die klassischen Quellen aus alexandrinischer Epoche erinnert, oder an die Goldmünzen mit der Inschrift *Caesar August Kaiser der Römer.*

Eine der Skulpturen der Porta di Capua, heute im Museo Campano befindlich, die den Kaiser darstellt und ursprünglich in der Mitte über dem Eingangsportal aufgestellt war. Alle Verzierungen des zerstörten Brückenschlosses, die eigentlich ungewöhnlich für eine Verteidigungsanlage waren, standen in enger Beziehung zur marmornen Statue des thronenden Kaisers, Personofizierung der iustitia *und Symbol des Konzeptes einer* renovatio imperii *im Sinne des Augustus. Sowohl die Skulpturen, als auch das Tor selbst, das an einen Triumphbogen erinnert, gemahnen an das kaiserlich Modell.*

Man denke an die Porta di Capua, das Brückenschloß an der Grenze zum Kirchenstaat, das Friedrich zwischen 1233 und 1239 in der Art eines "grandiosen Triumphbogens" errichten ließ, und welches mit Statuen verziert ist, die auf offenkundige Weise aus der römischen Bildhauerkunst der kaiserlichen Epoche abgeleitet sind; aus den Inschriften auf den Gesimsen, die die Nischen der riesigen Skulpturen einrahmen, kann man den Sinn entnehmen, den dieses gewaltige Repräsentanzgebilde, das gleichzeitig ein Schloß, eine Brücke, einen Palast und einen Triumphbogen darstellte, vermitteln mußte: wer auch immer im Begriff war das Reich von Sizilien durch dieses Tor zu betreten, konnte nicht umhin zur Kenntnis zu nehmen, wer dort über allen thronte, und demzufolge mußte er auch wissen, was ihn erwartete, falls er im Sinne hatte sich dessen Anordnungen und dessen Frieden, die beide auf Gerechtigkeit gegründet waren, zu widersetzen.

Die Porta di Capua kann in gewissem Sinne als eine Versinnbildlichung der Grundgesetze von Melfi aufgefaßt werden, in denen die Iustitia als Eingebungsprinzip gepriesen wurde und der Kaiser dessen lebende Vergegenwärtigung darstellte. Unter den Szenen, mit welchen die Porta di Capua verziert war, waren sicherlich ein Kopf der *Iustitia* und die Darstellung des sitzenden Kaisers besonders auffallend.

Rechts:
Barletta, Museo Civico. Kalksteinbüste, die angeblich Friedrich II. von Hohenstaufen darstellen soll, in der Art der römischen Kaiser. Auf dem Sockel ist eine lückenhafte Inschrift in Blockbuchstaben eingraviert (DIVI...CAE), die vielleicht in späteren Zeiten angebracht wurde.

Links:
Rekonstruktion der Porta di Capua. Die Türme waren durch eine kleine Kurtine verbunden, die auch als Fassade diente und auf welcher die Skulpturen Platz fanden, die heute zum Teil wieder aufgefunden worden sind und im Museo Campano verwahrt sind: die Statue von Friedrich, die Büsten der Richter, die die iustitia imperialis *symbolisieren und der beeindruckende Frauenkopf, der der Giunone Farnense sehr ähnlich ist.*

Man denke auch an die Zurschaustellung des Prunkes und der Kultur am Hofe zur Beeindruckung der Kriegsgefangenen, denen die *domus solaciorum* der Capitanata gezeigt wurden, einzig um sie in Erstaunen zu versetzen und zu verwundern; die wahre Funktion der Architektur innerhalb des kaiserlichen Planes und die Intensität der Bauleidenschaft Friedrichs sind wirkungsvoll in den aufklärungsreichen Worten eines Annalisten der Zeit zusammengefaßt: "Er ließ mit unermüdlichem Eifer Paläste erstaunlicher Schönheit und Größe errichten, als wäre ihm ewiges Leben beschieden gewesen, in welchen es ihm jedoch nie möglich war zu verweilen; er ließ auf den Berggipfeln und in den Städten Schlösser und Türme erbauen, als sei er einer täglich möglichen feindlichen Belagerung ausgesetzt. Aber er tat all dies, um seine Macht zu bezeugen, um Ehrfurcht und Bewunderung zu erwecken und um den Ruhm seines Namens so tief in das Gedächtnis eines jeden einzuprägen, daß er niemals vergessen sein würde".

Man denke schließlich an Castel del Monte: es ist sicherlich nicht plausibel, daß die vom Vater Heinrich geerbte Liebe zur Falknerei, wie tief sie auch immer gewesen sein mag, den Entwurf einer so perfekten Form, die auf eine fast bedrängend erscheinende Wiederholung des Achteckthemas basiert, zum alleinigen Zweck eines Jagdschlosses erzeugt haben könnte. Die These, welche das Schloß als ein Staatssymbol ansieht, erscheint gewiß eindrucksvoller und erklärt sich aus der Überlieferung eines achteckigen Jerusalems; eine andere Interpretation erkennt in dieser Burg ein Symbol der kaiserlichen Grundidee, ein Zeichen seiner Souveränität, wie sie schon in der Basilika von San Vitale in Ravenna und in der Pfälzischen Kapelle in Aachen zum Ausdruck gekommen war, wo das Achteckschema mit der kaiserlichen Liturgie im Zusammenhang steht. Das Beispiel von Castel del Monte zeigt, wie die 'Idee' in der Zweckdienlichkeit, in der Hierarchie, im Konzept des rechten Dinges am rechten Platz ihre Verwirklichung findet, so wie es von Friedrich in seinem Staatsentwurf erstrebt wurde. Sein Plan war im Grunde genommen die Utopie einer perfekten, vom Kaiser beherrschten Spitzengesellschaft, die den Ruhm, aber auch die verhängnisvollen Grenzen eines sehr mittelalterlichen Kaisers und Kindes seiner Zeit darstellte.

Links: *Zeichnung des Himmlischen Jerusalem, nach einer Miniatur aus der zweiten Hälfte des 12. Jahrhunderts (Wolfenbüttel, Bibliothek).*

Rechts: *Gioia del Colle, Detail der Mauerverkleidung des Schlosses. Das Gebäude, das sich durch die kompakte rote Verkleidung mit Rustikaquadern auszeichnet, zeigt sich heute wie ein Traumschloß aus dem Mittelalter, nach den phantasiereichen Restaurierungsarbeiten, die anfangs dieses Jahrhunderts ausgeführt wurden; hier soll Manfred geboren sein, das Lieblingskind des Kaisers und der unglücklichen Bianca Lancia, nach welcher der Turm "der Kaiserin" benannt wurde, und deren traurige Lebensgeschichte im Volksmund wiederlebt.*

Castel del Monte, Blick auf den Hof. Es handelt sich sicherlich um das Bauwerk, das die kaiserliche Macht am Besten darstellt, ist aber das Gebäude, über welches man am wenigsten mit Sicherheit aussagen kann, abgesehen vom Datum 1240, das die Vollendung der

Bauarbeiten angeben müßte. Sein Zweck wurde auf vielerlei Weisen interpretiert, bis hin zu extrem symbolhaften und exoterischen Bedeutungen; es wurde wahrscheinlich als castrum erdacht (also als befestigte Anlage), sowie als Residenz und Jagdschloß.

2. FRIEDERIZIANISCHER REISEWEG

2.1 *Die friederizianischen Stätten: Eine Führung durch Apulien und Lukanien*

Eine ideale Reise auf den Spuren Friedrichs II., die die unzähligen Anzeichen seines Aufenthaltes ausfindig machen und miteinander in Verbindung setzen, und verlorene Bilder erneut ins Gedächtnis rufen könnte, beinhaltet das Risiko, sich im Gewirr eines allzu dichten Gewebes zu verlieren, das zum Teil aus winzigen Gegebenheiten, zum Teil aus feierlichen Ereignissen besteht, die manchmal durch einigermaßen lesbare, oft aber durch bruchstückhafte und im Sinn verzerrte Urkunden beschrieben werden.

Die Spuren der Geschichte haben im Laufe der Jahrhunderte die Umrisse eines mythischen Mittelalters verwischt, und geben in einigen Fällen nur Bausteine, in anderen auch Erinnerungen wieder; aber soviel reicht aus, um in Gedanken unsere Reiseroute festzulegen, die notgedrungene Lücken aufweisen wird, aber die in gewissem Sinne die Züge einer weltlichen Wallfahrt besitzen wird.

Kartographische Darstellung der Capitanata, aus G.B. Pacichelli (1703). Mit diesem Namen, der an den Katapan benannten, byzantinischen Amtswalter erinnert, bezeichnet man eine der drei historischen Regionen von Apulien, die den Gargano, den Daunischen Subappenin und den Tavoliere miteinbeziehet und in etwa der heutigen Provinz von Foggia entspricht.

Foggia wird unser Ausgangs-punkt sein, so wie sie es auch für den Kaiser damals gewesen ist, als er diese Stadt im Herzen des Tavoliere-Gebietes auserwählte, um sich dort mit seinem Hofe niederzulassen. Wir befinden uns im Norden Apuliens, in einer Gegend, die historisch als Capitanata bekannt ist und eine der wichtigsten Stätten Friedrichs II. darstellt. Die Stadt hat einen ungewissen Ursprung, aber sie erblickte unter Friedrich II. von Hohenstaufen zweifelsohne ihre höchste Blütezeit, als sie von ihm in einen militärisch-strategischen Stützpunkt verwandelt wurde. Sie wurde ferner zum Sitz der Reichsregierung, die sich in der Umgebung des majestätischen **palazzo imperiale** (siehe S. 162), heute fast gänzlich zerstört, befand. Hier wurde vom Herrscher auch eine der ältesten italienischen Jahresmessen eingeführt.

Das städtische Gefüge wurde im Laufe der Zeit durch wiederholte Plünderungen, Zerstörungen und Erdbeben stark beschädigt; daher bietet die Altstadt in ihrer Struktur und Bauweise ein vorwiegend ba-

rockes Bild. Die antike Stadt war mit einer Befestigungsmauer versehen, die von Friedrich II. im Jahr 1230 zerstört und aller Wahrscheinlichkeit nach auch nicht wieder errichtet wurde, da im Jahr 1349, nach den Aufzeichnungen von Domenico da Gravina, Foggia als Stadt ohne Mauern erscheint. Sie war in *pittagia* genannte Viertel aufgeteilt, die heute in der veränderten Stadtplanimetrie leider nicht mehr klar erkenntlich sind. Zu den wenigen mittelalterlichen Baudenkmalen gehört die **Kathedrale**, die der Heiligen Maria Icona Vetere geweiht ist; sie wurde angeblich 1172 oder 1179 während des Reiches von Wilhelm dem Guten auf den Resten eines älteren, *Sancta Maria de Focis* geweihten Gebäudes gegründet und von Friedrichs Fachkräften vollendet.

Foggia, Fassade der Kathedrale. Vom ursprünglichen mittelalterlichen Gebäude, das der heutigen unteren Gebäudehälfte entspricht, ist besonders das phantasievolle Fries bewunderungswürdig, das von tierähnlichen und grotesken Figuren bevölkert ist, und dem gleichen Bartolomeo da Foggia zugeschrieben wird, der vielleicht die Bauarbeiten des friederizianischen palatium *leitete. Die Renovierungsarbeiten des achtzehnten Jahrhunderts haben den ganzen oberen Teil des Baues betroffen, wobei das ursprüngliche Rundfenster durch ein barockes Fenster ersetzt wurde und auch die Innenausstattung, die reich an wertvollen Gemälden ist, neu eingerichtet wurde.*

Im Laufe der Jahrhunderte wurde sie zahlreichen Veränderungen und dem Einfluß anderer Stilrichtungen ausgesetzt, wobei nach dem Erdbeben von 1731 der ganze obere Teil neu errichtet werden mußte. Vom mittelalterlichen Bau bleibt die untere Ordnung der Fassade erhalten, die gleich anderen bekannten kirchlichen Bauwerken der Umgebung (Siponto, Monte S. Angelo, Troia) von blinden Bögen unterbrochen ist, ferner die Krypta und das reichlich verzierte Hauptgesims aus dem 13. Jahrhundert. In der Kapelle der Icona Vetere, im Inneren der Kathedrale, befindet sich eine Temperatafel, die eine Madonna mit Kind darstellt, auch als **Madonna der sieben Schleier** bekannt, welche aus dem 11. oder 12. Jahrhundert stammt und Gegenstand großer Anbetung ist. Die Legende erzählt, die Tafel sei im Jahr 1062 von einigen Hirten in einem Teich entdeckt worden, über welchem die drei Feuer brannten, die heute das Wahrzeichen der Stadt

darstellen. Sie wurde mit peinlicher Sorgfalt gehütet und durch Schleier dem Anblick entzogen, sodaß einzig im Laufe einer Restaurierung die Genehmigung erteilt wurde, sie zu photographieren und zu untersuchen, wobei die ikonographischen und technischen Merkmale sowie eine frühe Datierung festgestellt werden konnten, und die Zugehörigkeit zum cassinischen Stil zwischen Capitanata und Abruzzi definiert wurde.

Ein anderes, bruchstückhaftes Zeugnis aus dem Mittelalter ist durch die **Kapitelle** gegeben, die in die drei Ebenen des Stahlwinkels von Palazzo Brancia (heute Palazzo Farina), auf der Piazza Duomo, eingeordnet sind und wahrscheinlich aus angiovinischer Zeit stammen, aber deren Ursprung unbekannt ist. Schließlich ist noch an das **Museum** zu erinnern, das 1966 im Palazzo S. Gaetano in der Piazza Nigri eingerichtet wurde; außer den zwei Hauptabteilungen, die der Archeologie und der Pinakothek gewidmet sind, ist im Museum auch ein Lapidarium ent-

halten, wo eine Sammlung architektonischer Fragmente verschiedener Epochen einschließlich des Mittelalters ausgestellt ist.

Fährt man jetzt die S.S. 89 bis zur Küste, so erreicht man das Badezentrum von **Siponto**, die Stätte einer antiken daunischen Siedlung und spätere Bischofsstadt der frühchristlichen und mittelalterlichen Zeit; die Stadt begann sich infolge der sarazenischen Einfälle und einer zunehmenden Versumpfung der Küste zu entvölkern und wurde nach dem Erdbeben von 1256 unbewohnbar. Einziges Zeugnis der ursprünglichen Niederlassung, die gänzlich zerstört wurde, ist die **Kirche von S. Maria Maggiore**, die neben den Resten einer frühchristlichen Basilika steht und ein sehr schönes Beispiel eines romanischen Gebäudes mit morgenländischem Einfluß darstellt; sie wurde zu Beginn des 11. Jahrhunderts auf Wunsch des Bischofs Leo gegründet und in den darauffolgenden zwei Jahrhunderten zum Teil verändert. Es handelt sich

Nebenseite:
Foggia, Detail des Gesimses der Kathedrale. Üblicherweise wird die Ausführung des lebhaft dekorierten Simses, der wahrscheinlich auf die Jahre 1231 bis 1234 zurückzuführen ist, dem Architekten und Bildhauer Bartolomeo da Foggia zugeschrieben, da deutliche stilistische Ähnlichkeiten zu den Resten des ehemaligen kaiserlichen Palastes der Stadt bestehen.

Unten:
Siponto, Kirche von S. Maria Maggiore. Heute steht sie einsam in der Landschaft, 3 km von Manfredonia entfernt, war jedoch einst die Kathedrale einer heute verschwundenen Stadt. Sie stellt ein typisches Beispiel der romanischen Architektur der Capitanata dar, die an den Bögen entlang der Außenfassade und am Rautenmuster erkenntlich ist (man siehe auch die Kathedralen von Troia, Foggia und Monte S. Angelo).

um ein einzigartiges Bauwerk mit quadratischem Grundriß und zwei Apsiden nach Süden und Osten hin (aber ursprünglich nach einer Nord-Süd-Achse ausgerichtet); die westliche Fassade ist mit einem schönen Portal versehen, die drei noch erhaltenen Außenmauern sind durch blinde Bögen und Rautenfenster gekennzeichnet, und zwar nach einem Muster, das angeblich aus morgenländischen Modellen aus Armenien oder Kleinasien abgeleitet ist. Unter den Resten der liturgischen Marmorgegenstände aus dem 11. Jahrhundert, die im Laufe archeologischer Ausgrabungen entdeckt wurden und im Diözesan Museum von Manfredonia aufbewahrt sind, ist ein mit halben Palmen dekorierter Balken zu erwähnen, der das Datum des Jahres 1039 und den Namen des Bildhauers Acceptus trägt, der auch

Verfasser der Kanzeln von Canosa und Monte S. Angelo ist; ferner finden wir noch verschiedene Bruchstücke des Ambons und eines bischöflichen Pultes und ein Chorgitter, alle aus dem 11. Jahrhundert.

Siponto, Abteikirche von S. Leonardo. Die Pfosten und der Rahmen des Portals, des Bogens und der Lunette sind mit phantasievollen Pflanzen und tierähnlichen Gebilden geschmückt; die Kapitelle sind mit Figuren verziert, die einen Pilger auf dem Wege zum Gargano und die Heiligen Drei Könige darstellen, während eine Christusfigur zwischen zwei Engeln auf der Lunette abgebildet ist.
Auf der nächsten Seite:
Manfredonia, die fünfeckige Bastei des Schlosses, die einem französischen Eingriff zu verdanken ist. Sie stellt mit den drei runden Türmen aus angiovinischer Epoche die Außenmauer der Festung dar, die den gesamten staufischen Bau aus Manfreds Zeiten eingegliedert hat, der den eigentlichen Kern darstellt.

Wenige Kilometer weiter erhebt sich die **Kirche von S. Leonardo**, die ab 1261 dem teutonischen Ritterorden angehörte und eine der zahlreichen Herbergen und Krankenhäuser für Pilger darstellte, die auf der Straße vom Wallfahrtsort Santuario dell'Arcangelo zu den Einschiffungshäfen für das Heilige Land entstanden waren. Diese Kirche, die zwischen dem 11. und 12. Jahrhundert errichtet, und teilweise im 13. Jahrhundert umgebaut wurde, besitzt drei Schiffe (das rechte Seitenschiff hat nicht mehr ganz das ursprüngliches Aussehen gewahrt) und Bögen, die sich in der Mitte auf halben Pfeilern und Kreuzpfeilern stützen; über dem Hauptschiff befinden sich zwei ungleiche Kuppeln; die nach Norden schauenden Fassade ist mit einem prächtigen Portal versehen, das mit ausgemeißelten Figuren reich verziert ist und von einem Baldachin eingerahmt ist, der sich auf Säulen mit tragenden Löwen stützt und im Aufbau französischen Modellen ähnelt.

Nicht weit entfernt liegt die Stadt **Manfredonia**, die am gleichnamigen Golf gelegen ist und im Jahre 1256 von Manfred, einem Sohn Friedrichs, gegründet und mit einem Schloß versehen wurde; sie wurde von den ehemaligen Einwohnern von Siponto besiedelt. Unter den Söhnen Friedrichs ist Manfred derjenige gewesen, der sich am meisten *"ad laborem Ytalicum"* einsetzte und neue Städte gründen wollte, so wie sein Vater die Errichtung der Stadt Altamura in Apulien, Augusta in Sizilien und andere kleine Siedlungen, die heute nicht mehr existieren, angeordnet hatte. Die Anlage der Stadt nach dem Schachschema ist sehr interessant und noch heute dem Entwurf getreu; das **Schloß**, heute in der Stadt enthalten und zum Meer hin angelegt, befand sich außerhalb der Stadt, auf allen vier Seiten durch einen tiefen Graben isoliert und mit einer Ecke der Stadtmauer verbun-

den; der Kern ist viereckig und mit vier Ecktürmen aus der Zeit Manfreds versehen, und wurde später von den Anjous ausgebaut; die Außenmauer besitzt drei zylindrische Türme aus dem Quattrocento und eine fünfeckige Brustwehr aus dem darauffolgenden Jahrhundert.

Den Golf von Manfredonia beherrscht **Monte S. Angelo**, eine kleine Stadt, die im 5. Jahrhundert infolge des Kultes des Erzengels Michael entstand, den die Langobarden zum Beschützer auserwählt hatten, und die daraus einen Ort der Verehrung und Andacht für ganz Italien machten. Die Stadt erhebt sich auf dem südlichen Ausläufer des Gargano-Massifs und ist mit ihren 796 Metern ü.d.M. die höchstgelegene Ortschaft der Gegend. Das **mittelalterliche Viertel** Junno ist mit seinen typischen Reihenhäusern sehr malerisch; aber den Hauptanziehungspunkt bildet der **Santuario di San Michele**, einer Wallfahrtskirche, die über die Grotte der Erscheinung errichtet wurde. Darin sind die bronzenen Portale byzantinischer Manifaktur aus dem Jahre 1076 noch enthalten, die mit 24 Tafeln geschmückt sind, die Szenen aus dem Alten und Neuen Testament darstellen (sowie die Erscheinung des Hl. Michaels vor dem Bischof von Siponto), und ein bischöflicher Stuhl aus dem 12. Jahrhundert. Der offenkundlichste Einfluß des friederizianischen Stils zeigt sich im ungewöhnlichen, achteckigen Glockenturm, der 1274 erbaut wurde

Monte S.Angelo, unter Denkmalschutz das sogenannte Grabmal von Rotari (links), die Apsis der antiken Kirche von S. Pietro und die Kirche von S. Maria Maggiore. Auf dem Giebelfeld des Portals dieser Kirche befindet sich eine Inschrift, die die Renovierung des Gebäudes im Jahr 1198 unter der Leitung eines Priesters namens Benedetto, zur Zeit der Kaiserin Konstanze mit ihrem Sohn Friedrich angibt.

und deutlich vom Modell der Türme von Castel del Monte abgeleitet ist. Unter den anderen beachtungswürdigen Denkmälern wäre noch das **Schloß** zu erwähnen (siehe S. 136), an welchem normannische, staufische und aragonische Züge zu erkennen sind. Das Schloß entwickelte sich um den polygonalen Turm von Robert Guiskard, und wurde von Friedrich und seinen Nachfolgern erweitert und restauriert. Eine sehr interessante Struktur, die vielleicht über ein präexistierenden Gebäude errichtet wurde, ist die sogenannte **Tomba di Rotari**, wahrscheinlich eher ein Baptisterium aus dem 12. Jahrhundert als ein richtiges Grabdenkmal; sie besteht aus einem viereckigen Gebäude, das sich nach oben hin zum Achteck verjüngt und von einer Kuppel abgedeckt ist. Auf dem Architrav des Eingangs sind Geschichten aus dem Leben Christi dargestellt. Die **Kirche von S. Maria Maggiore** erhebt sich neben der Apsis der nunmehr zerstörten Peterskirche; dieses antike Gebäude wurde im 11. Jahrhundert neugegründet und bis 1170 weiter umgebaut. Interessant ist die Fassade mit blinden Bögen über Lisenen, ähnlich dem Aufbau der Marienkirche der nahen Siponto, das Portal mit Baldachin und adlergeschmückten Säulen und reich verzierten Pfosten und Simsen, die bemalten Kapitelle der inneren Pfeiler aus Friedrichs Zeit, denen der Krypta von Foggia sehr ähnlich.

Monte S. Angelo, der beeindruckende achteckige Glockenturm, der sich auf der rechten Seite des Santuario dell'Arcangelo erhebt. Er wurde 1274 von Giordano und Maraldo di Monte S. Angelo auf Befehl von Karl I. von Anjou errichtet und dem Schema und den Proportionen der Türme von Castel del Monte nachgebaut; in die dicke Mauer ist eine Wendeltreppe mit 99 Stufen eingemeißelt.

Die wichtigste friedrizianische Stätte der Capitanata ist durch die verschwundene Stadt von **Fiorentino** gegeben, die von San Severo in Richtung Castelnuovo della Daunia erreicht wird; die Reste, die nach einer beschwerlichen, zehnjährigen Kampagne archeologischer Ausgrabungen langsam ans Licht kommen, befinden sich an der Grenze zwischen den Gebieten von Torremaggiore und Lucera auf einem Ausläufer und sind an einem Turm und einigen Überresten der Stadtmauer erkennbar. Die Stadt hat eine den nachbarlichen Ortschaften ähnliche Geschichte: so wie Troia, Civitate, Dragonara, Tertiveri und Montecorvino, gehörte auch sie zu den "Grenzstädten", die der Katapan Basilio Boioannes nach 1018 zu Verteidi-

Oben: *Fiorentino, Ausblick auf die Ruinen nach einer Tafel vom Architekten V. Baltard, der das 1844 in Paris vom Duc de Luynes herausgegebene Werk illustrierte, das den Titel* Recherches sur les monuments et l'histoire de Normands et de la maison Souabe dans l'Italie méridionale *führt, und welches vom Historiker Huillard-Bréholles besorgt wurde. Der Stich von Fiorentino gibt den Zauber der antiken Ruinen wieder, unter welchen sich im Vordergrund die der Kathedrale herausheben und im Hintergrund die des noch heute sichtbaren Ostturmes.*
Rechts: *Ein Jahrhundert hat ausgereicht, um fast alle Reste der Kirche auszulöschen; das Gebäude erscheint hier mit einem einzigen Schiff und einer nicht sehr tiefen Apsis an der Südseite und einer Art Laubengang-Glockenturm an der Fassade an der Nordseite.*

gungszwecken im Norden des Gebietes errichten ließ. Eine blühende mittelalterliche Stadt, die die Aufeinanderfolge der Byzantiner, Normannen, Staufer und Anjous erlebte, zu bischöflichem Sitz erhoben wurde, und später zwischen dem 15. und 16. Jahrhundert allmählich verlassen wurde. Friedrich II. errichtete hier eine seiner Residenzen (siehe S. 158), die noch heute in der gesamten Ausbreitung ihres Grundrisses sichtbar ist, und deren Gemäuer aus großen steinernen Blöcken bis zu einer Höhe von zwei Metern erhalten ist. Die offenkundigen, sowie die aus den Ausgrabungsuntersuchungen entnommenen Belege haben ein **Kastell** ausgemacht, das sich am westlichen Ende des Ausläufers befand und die Reste eines prachtvollen Gebäudes enthält, welches als domus des Kaisers identifiziert wurde; ferner ist die **städtische Anlage** noch ersichtlich (wovon nur die Reste eines religiösen Bauwerkes erhalten sind, wahrscheinlich die Kathedrale), die durch geräumige, mit Feuerstätten und Getreidegruben ausgestattete Wohnbauten, Kirchen und Grabstätten gekennzeichnet ist; sie erstreckt sich entlang der Hauptstraßenachse, der *magna platea* der geschichtlichen Urkunden, die den Ausläufer von Osten nach Westen durchläuft; schließlich finden sich noch Reste der **Verteidigungsanlage**, die mit den Mauern und dem Stadtgraben in Verbindung stand, und durch einen Turm am östlichen Ende bezeugt wird, und ein zweifacher **Mauernring**, sowie eine **Vorstadt**. In der Überlieferung soll Friedrich im Jahr 1250 in Fiorentino gestorben sein und somit die unheilvolle Vorahnung der Weissagung seines Todes *"sub flore"* bestätigt haben.

Fährt man nun die S.S.17 entlang, so gelangt man nach 18 km nach **Lucera**, eine daunische Ortschaft sehr frühen Ursprungs, die mit dem Alten Rom verbündet und zur selbstständigen Geldprägung berechtigt war; unter den Langobarden war sie Sitz eines Burgvogtes, wurde später von den Byzantinern eingenommen und erreichte ihre Blütezeit unter den Staufern, als Friedrich II. dort Araber aus Sizilien ansiedeln ließ. Er benannte sie *Luceria Saracenorum*, aus dem Arabischen *Lugêrah*, "mit hohen Minaretten und punkvollen Moscheen, die die Kirchen ersetzten"; die Stadt wurde 1300 von den Anjous erobert, die sie auf den neuen Namen Città di Santa Maria umtauften; Provenzaler ließen sich dort nieder und eine gotische Kirche (die einzige Apuliens) wurde anstelle der Moschee errichtet. Aus dieser Zeit stammt die Anlage in zwei unterschiedliche Abschnitte (das Schloß und der Stadtkern), die sich bis heute erhalten hat.

Die **Kathedrale** aus dem 14. Jahrhundert wurde Mariä Himmelfahrt geweiht und in gotisch-angiovinischem Stil erbaut, der in den Stützpfeilern der Apsis, den hohen Einzelbogenfenstern und den inneren Gewölberippen über dem Chor ersichtlich ist. Links der charakteristischen und eleganten Giebelfassade aus kleinen Ziegelsteinen erhebt sich ein kleiner Turm, der von Ferne an ein Minarett erinnert; im Inneren ist der Hauptaltar mit einer steinernen Platte aus friede-

Lucera, die Kathedrale. Von Karl II. von Anjou erbaut, wurde sie 1317 ohne den heute bestehenden polygonalen Glockenturm vollendet, der später im 16. Jahrhundert errichtet wurde. Das lichtreiche Innere ist in spitzbogige Schiffe aufgeteilt, die sich auf Säulen und Pfeiler stützen; die Wände sind entlang der Kapellen des Transeptes mit Fresken geschmückt.
Für eine lange Periode hatte Lucera keine Kathedrale, wenigstens seit dem Jahr 1238, als das wichtige christliche Bauwerk zerstört und durch eine Moschee ersetzt wurde.

rizianischer Epoche sehenswert, der wohl aus Castel Fiorentino stammt, wo der Kaiser einen seiner Sitze hatte (siehe S.158) und wo er auch den Tod fand. Das **Schloß** (siehe S. 168) besteht eigentlich aus den Resten des friederizianischen *palatium* und aus der polygonalen Stadtmauer die mit zwanzig Türmen versehen war und von den Anjous zwischen 1269 und 1283 errichtet wurde. Im Inneren kann man die Ausgrabungen des provenzalischen Panzerturms besichtigen, der unter Karl II. von Anjou angelegt wurde.

Unter den weiteren, sehenswerten Denkmälern findet sich die gotische **Kirche von S. Francesco**, die gleichzeitig mit der Kathedrale errichtet wurde, und deren einziges Schiff mit zahlreichen Fresken verziert ist; schließlich verdient noch das **Römische Amphitheater** eine Erwähnung; es wurde im 1.Jahrhundert vor Christus vom Veteran Marco Vecilio Campo zu Ehren von Caesar August erbaut, hat eine elliptische Form, deren Längsachse 130 Meter lang ist und gehört zu den ältesten unter den wiederentdeckten Theatern.

Weiter südlich liegt **Troia**, an der Stelle der antiken *Aecae* entstanden, eine apulische Siedlung,

Lucera, Portal der Kathedrale. Trotz dem eindeutig gotischen Charakter der gesamten architektonischen Struktur, erinnern die Verzierungen der Kirche an die staufische Epoche: man denke an die Ornamente der Portale oder an die schmückenden Adlerfiguren und an die crochet-Kapitelle.

die nach der Schlacht von Cannae von Hannibales erobert wurde. Dieser sehr frühe Bischofssitz behielt über die Jahrhunderte das Privileg, direkt von Rom abhängig zu sein; aus diesem Grunde widersetzte sich die Stadt, nachdem sie von den Byzantinern im Jahr 1018 neu gegründet worden und 1059 normannisch geworden war, dem Kaiser Friedrich II., der sie 1229 gänzlich zerstören ließ. Noch heute sind die Grundanlagen der Stadt sichtbar: die Längsachse der Hauptstraße, die den gesamten städtischen Grundriß beeinflußt; die Mauern, oder vielmehr deren an der Stadtform sichtbare Spur; die Kathedrale, die heute noch ihr Zentrum darstellt.

Die **Kathedrale** ist ein Meisterwerk des apulischen romanischen Stils, in der Form einer klassischen lateinischen Basilika mit drei Kirchenschiffen erbaut; das Innere ist durch zwei prunkvolle Säulenreihen gekennzeichnet, deren Elemente aus wertvollem Marmor größtenteils aus den Ruinen der antiken Stadt stammen. Die Kathedrale wurde 1093 auf den Resten der alten Marienkirche errichtet, und Mariä Himmelfahrt geweiht. Sie beeindruckt durch die Schönheit und Harmonie der Fassade, in welcher die Geschlossenheit des unteren Abschnittes, der durch kleine Blindbögen, die sich auf Lisenen stützen und abwechselnd mit Rund- und Rautenfenstern versehen sind (nach einem schon in der Kathedrale von Foggia, in Siponto und in Monte S. Angelo beobachtetem Muster) gekennzeichnet ist, der leichten Form des oberen gegenübergestellt ist, wo sich eine prachtvolle zwölfteilige durchbrochene Rosette aus dem 13. Jahrhundert abhebt. Die bronzenen Tore von Oderisio da Benevento (aus dem Jahr 1119 die Fassadentür, 1127 der Seiteneingang), auf welchen die Bischöfe und Szenen aus dem Leben der Stadt dargestellt sind, sind noch gut erhalten.

Unsere imaginäre Route durch die Stätten Friedrichs II. ist dann und wann gezwungen, die gegenwärtigen Verwaltungsgrenzen zu überschreiten, die eine anachronistische Schranke zwischen zwei Regionen mit verwandter Kultur und Geschichte darstellen. So wird sich nun unsere Aufmerksamkeit der Basilikata zuwenden, insbesondere der sehr einheitlichen und bezeichnenden Gegend des Vulture, die infolge der neuen politischen Ordnung Süditaliens unter normannische Herrschaft kam. Melfi wurde von den Normannen des Südens zur Hauptstadt, sowie zum kulturellen und künstlerischen Zentrum des Reiches erklärt. Das Gebiet des Vulture erlangte unter Friedrich II. eine grenzstrategische Bedeutung; er ließ hier unter anderem die Schlösser von Melfi, Palazzo S. Gervasio und Lagopesole errichten.

Troia, die Mariä Himmelfahrt geweihte Kathedrale. Das Gebäude wird als ein Meisterwerk romanischer Bauweise der Capitanata angesehen, nicht allein wegen der Proportionen, als wegen der harmonischen Verbindung byzantinischer und arabischer Anklänge mit dem Stil einer streng "lateinischen" Kirche.

Oben: *Troia, Detail der Rosette der Kathedrale (13. Jahrhundert)*, echter Schwerpunkt der Komposition des oberen Teiles der
Fassade, im Gegensatz zum Unterteil, das
einen strengeren Eindruck vermittelt und
durch Blindbögen über Lisenen unterteilt
ist und den Blick auf den einzigen Eingang
lenkt, der eine der zwei Bronzetüren von
Oderisio da Benevento aus dem Jahr 1119
enthält (Nebenbild).

Auf der nächsten Seite: *Melfi, Ansicht
des Schlosses.* Der Eingriff Friedrichs auf
die vorbestehenden normannischen Gebäude geht auf das Jahr 1221, vor dem
sechsten Kreuzzug, zurück; die Legende
erzählt vom Bauwerk als von einem "Nest
des kaiserlichen Adlers", der sich auf dem
heutigen Westturm befand. Friedrich benutzte das Schloß auch als königliche
Schatzkammer, als Einlageort der in Lu-
kanien eingezogenen Steuern, sowie als
Gefängnis.

Melfi erhebt sich über einem vulkanischen Hügel im Norden des Gebietes: wie schon angedeutet, stellte es für die Normannen einen wichtigen Stützpunkt dar, und wurde später eine von Friedrichs Residenzstädten; hier verfaßte der Kaiser im Jahre 1231 in Zusammenarbeit mit Pier delle Vigne seine Grundgesetze, das sogenannte *Liber Augustalis*, der erste regelrecht organische Text des Mittelalters mit geschriebenen Gesetzen, die sowohl von Zivil-, als auch von Strafrecht handelten.

Das Schloß stammt aus normannischer Zeit, wurde von Friedrich restauriert (der den sogenannten "Kaiserturm" errichten ließ), unter den Anjous und Aragonern erweitert und später weiteren, großen Veränderungen unterzogen; es erscheint in seinen architektonischen Umrissen auf den ersten Blick als ein einheitliches und harmonisches Gebäude, fast wie eine mit Türmen und Wällen versehene, riesige und beeindruckende Stadt, Ergebnis jahrhundertealter Überlagerungen. Von Norden her strahlt die dunkle Form aus vulkanischem Stein ein starkes Gefühl der Unantastbarkeit aus, wie wenige andere Burgen es tun: Auf der einen Seite erhebt sich das Bollwerk über einen steilen Abhang, wo unten der Bach Melfia fließt, auf der anderen Seite die von den Mauern umgebene Stadt, wo die Bauern, Handwerker und Soldaten im Dienste der Schloßherren lebten.

1232 empfing Friedrich II. in diesem Schloß den Marchese von Monferrato und seine Nichte Bianca Lancia, die Frau, die ihm später seinen Sohn Manfred gebar; 1241

Melfi, das Schloß. Die Ummauerung mit ihren wuchtigen Türmen wurde zwischen 1277 und 1281 von den Anjous unter der Leitung von Riccardo da Foggia errichtet, während dem königlichen Architekten Pierre d'Angicourt die Erweiterung der vorbestehenden Gebäude aufgetragen wurde. Im Schloß, das heute das Museo Nazionale del Melfese beherbergt, ist unter anderem der berühmte Sarcofago di Rapolla verwahrt (nach dem Namen der Ortschaft, wo dieser aufgefunden wurde), eines der wichtigsten Zeugnisse der Kunst der asiatischen Schule aus dem 2. Jahrhundert: der Sarkophag bildet einen kleinen Tempel nach, in dessen Nischen und Bögen Götter und mythische Heldenfiguren abgebildet sind, und auf dessen Deckel die Figur der Toten ruht.

hielt er hier zwei deutsche Kardinäle und zahlreiche französische Bischöfe als Sondergäste gefangen, als diese zu einem Konzil unterwegs waren, um dem Papst in der Entscheidung Friedrich abzusetzen beizustehen; in Melfi selbst spielte sich auch ein Teil des Schicksals der Nachfolger des Kaisers ab, dessen Geschlecht ihn nur um sechs Jahre überlebte. Das Schloß ist heute Sitz des Museo Nazionale del Melfese, in welchem zahlreiche archeologische Funde aus der Umgebung ausgestellt sind. Die Gründung des **Domes**, die einer Inschrift nach Noslo di Remerio zugeschrieben wird (1153), geht auf die normannische Epoche zurück. Von der ursprünglichen Struktur ist nur mehr der Glockenturm erhalten (der aber früher höher war), und der durch die zweifarbige Verzierung der zweibogigen Fenster mit geometrischen Mustern und Greifen aus schwarzem Stein im oberen Teil gekennzeichnet ist. Aus staufischer Zeit, jedoch von den Spaniern wiederaufgebaut, ist die **Porta Venosina**, die einen charakteristischen Spitzbogen mit zwei zylindrischen Seitentürmen aufweist; über dem Tor befindet sich eine Gedenktafel aus dem 15. Jahrhundert (die die ursprüngliche ersetzte), die an die Restaurierung der Mauern durch Friedrich II. erinnert und die Eigenschaften der Stadt rühmt.

DIE GRUNDGESETZE VON MELFI

Die *Grundgesetze von Melfi*, die von Friedrich II. imJahr 1231 erlassen
wurden, werden als die erste verfassungsmäßige Gesetzgebung des
modernen Staates angesehen; sie bestehen aus über zweihundert legis-
lativen Bestimmungen und Proklamationen, die in einem *corpus*
zusammengefaßt sind, der in sich nichts Neues darstellt, sondern eher
als die ausgeglichene Kombinierung von Elementen aus dem germanischen Gewohnheitsrecht, aus römischen Quellen, aus dem Kirchen-
und Feudalrecht, sowie aus lokalen Überlieferungen erscheint; diese
Verfassung hatte den Zweck, die bestehende Gesetzgebung zu ver-
bessern und eine Lösung der zwingenden Probleme des Reiches von
Sizilien zu bewirken. In allen nicht ausdrücklich beschriebenenFällen
blieben die normannischen Gesetze bestehen. Der Kodex ist auch als
Liber Augustalis bekannt, das Buch des Augustus, als hätte man damit
die Beziehung zu ruhmreichen und göttlichen Vorgängern hervorhe-
ben wollen, und sicherlich in Einstimmung mit dem Vorwort, in
welchem der Titel "Kaiser der Römer, Caesar August" dem Namen
Friedrichs vorangestellt wird. An der Verfassung dieser Grundgesetzte
beteiligte sich unter anderen der Notar aus Capua Pier delle Vigne,
dem wahrscheinlich die Hauptrichtlinie des Werkes zu verdanken ist,
und der als einziger, wohl nicht zufällig, im Nachwort der *Costituzioni*
ausdrücklich genannt wird.
Der Text, der uns leider nur in Bruchstücken vorliegt, ist in drei
Bücher aufgeteilt, wovon jedes eine gewisse Anzahl an *titoli* beinhaltet
und sich mit einem bestimmten Thema befaßt; das erste Buch enthält
78 Gesetze, die die rechtliche Gliederung, das Stafrecht und einige
Regelungen des Zivilrechts bestimmen; das zweite Buch erwähnt 78
straf- und zivilrechtliche Normen, während sich das dritte mit Feudal-,
Eigentums- und Familienrecht in 89 Gesetzen befaßt. Die in den
Costituzioni planmäßig formulierte Absicht bezeugt den Willen des ge-
setzgebenden Herrschers, dem Einsatz der Waffen die Macht des Gesetzes und die Förderung der *iustitia* zur Seite zu stellen, in der Perspektive einer allgemeinen Wiederherstellung der Ordnung und Be-
seitigung der menschlichen Ungerechtigkeit. Vor allem wird aber
durch diese Verfassung der göttliche Ursprung der kaiserlichen
Machtstellung bekräftigt, dank welchem der Fürst keiner Mittelsperso-
nen bedarf, um sein Volk zur Erlösung zu führen, da ihm die *iustitia*
und seine guten Gesetze dazu behilflich sind. Die Macht des
Herrschers ist somit absolut, er achtet das bestehende Recht, aber er
besitzt auch die Macht es zu verändern; er stellt die Verkörperlichung
des Gesetzes dar, der einzige Auserwählte, um die von Gott geschaffene
Sozialordnung zu wahren und gedeihen zu lassen.

Friederizianische Stätte *par excellence* ist sicherlich das wunderschön gelegene **Lagopesole**, wo sich ein Residenzschloß befindet, das allgemein in seiner ursprünglichen Struktur Friedrich II. zugeschrieben wird (zwischen 1242 und 1250 errichtet, wahrscheinlich dessen letztes Werk), während andere meinen, es sei über ein früheres normannisches Gebäude errichtet worden, wenn nicht sogar über ein sarazenisches.

Es wird in den Urkunden abwechselnd als *castrum* und *domus* bezeichnet, sodaß ein Teil der Historiker dessen ausschließliche Funktion zu militärischen Zwecken befürwortet haben, zumal der äußere Anschein des Bauwerkes in starkem Gegensatz zu den in den Urkunden angewandten Bezeichnungen steht.

Man kann vorwiegend zwei Komplexe unterscheiden, wovon der eine den Anschein eines Wohnbaues besitzt, der andere die Merkmale eines Militärbauwerkes zeigt und wahrscheinlich auf die normannische Epoche zurückzuführen ist. Das Ganze gliedert sich in eine längliche Rechtecksform, die möglicherweise durch den Bodenverlauf bedingt ist, der wenig Baufläche bietet und an den Seiten sehr abschüssig ist, sodaß nicht einmal die Ecktürme errichtet werden konnten, die ansonsten im friederizianischen Bauschema vorhanden sind.

Lagopesole, zwei Ansichten des Schlosses. Das Gebäude befindet sich auf einem Gebiet von großer strategischer Bedeutung schon seit dem Hochmittelalter, als hier der limes zwischen byzantinischem und langobardischem Gebiet entlangführte.

Ungewöhnlich ist die Anwesenheit eines soliden quadratischen Turmes in der Mitte des Nebenhofes, der *donjon*, dessen Stellung in Beziehung auf die Anlage auf eine mögliche Präexistenz schließen läßt. Die Erweiterung einer bestehenden Anlage, im Gegensatz zur Neuerbauung, soll angeblich auch aus der verschiedenen Breite der beiden Innenhöfe zu erkennen sein; die Kapelle ist mit Sicherheit einem angiovinischen Eingriff zuzuschreiben, da in Friedrichs Entwürfen niemals religiöse Gebäude in Frage kamen.

Die beeindruckenden Ausmaße, die die Norm ähnlicher Bauwerke und sogar die Ausdehnung des Jagdschlosses von Gravina weit überschreiten, und die wahrscheinlich durch die Erfordernisse eines längeren Aufenthaltes bedingt waren, sowie die Auswahl einer

Stätte in 800 Metern Höhe, erwekken den Anschein, Friedrich habe Lagopesole bewußt als Jagdresidenz geplant, was auch durch die Tatsache bestätigt wäre, daß dessen Sohn Manfred im Laufe seines kurzfristigen Reiches längere Zeit dort verbrachte.

Lagopesole, Teilansicht der Schloßmauer und Gesamtansicht. Die Erwähnung der domus *von Lagopesole im* Statutum de reparatione castrorum *in den ersten vierzig Jahren des 13. Jahrhunderts bezeugt die Nutzung des Gebäudes noch vor dem Tode des Kaisers; es existierten damals also zumindest die Räumlichkeiten des Erdgeschosses, sowie die drei Hofflügel und der Turm des kleineren Hofes. Nach Jahren sorgfältiger Restaurierungsarbeiten ist das Schloß seit kurzem wieder wohnbar und wird bald das Centro Internazionale di Studi Federiciani enthalten.*

In **Palazzo S. Gervasio** befand sich eine weitere kaiserliche Residenz, wie auch der Ortsname besagt; heute ist von dem vermutlichen Jagdschloß, das Friedrich erbauen ließ, nur mehr die Fassade erhalten. Von weitem erscheint das Schloß in gutem Zustand, nähert man sich ihm jedoch, so wird man etwas enttäuscht sein, denn die Zeichen der zahlreichen Veränderungen und der späteren Verwahrlosung sind deutlich sichtbar. Die ursprüngliche innere Anlage ist vollkommen abgeändert worden; Spuren der ursprünglichen Gesimse großer, nunmehr zugemauerter Fenster, die im oberen Teil der nordöstlichen Kurtine noch erkennbar sind, lassen diesen Flügel als vermutlichen Standort der kaiserlichen Wohnräume erscheinen. Insbesondere der atemberaubende Ausblick, den man von dieser Seite her genießt, läßt diese Vermutung aufkommen, wenn man Friedrichs Liebe für die wilde und sehr eigentümliche Schönheit dieser Gegend bedenkt.

Palazzo S. Gervasio. Vom ursprünglichen königlichen Palast, der Drogone d'Altavilla zugeschrieben wird, und welcher von Friedrich II. ausgebaut wurde, ist heute fast nichts mehr erhalten; wenige Einzelheiten lassen die ursprüngliche Struktur nur erahnen, wie einer der beiden antiken Türme, der im rechten Teil des Gebäudes miteingefaßt ist, obwohl Emile Bertaux noch im Jahre 1897 das friederizianische Bauwerk als recht gut erhalten beschreibt und die ursprünglichen Umrisse noch als gut erkennbar bezeichnet.

Die bisher aufgezeichnete Route führt durch ein Gebiet, das dank der natürlichen Schönheit der Landschaft noch heute einen mit Ruhe und Erholung verbundenen Eindruck erweckt, weshalb es schwer fällt, die beschriebenen Bauten auch als militärische Stützpunkte zu betrachten, die den Zweck derselben mitbestimmt haben, wie aus den gemeinsam verwendeten Definitionen *domus* und *castrum* hervorgeht. Die Verwirrung nimmt weiter zu, wenn man sich den Küstenstädten der Terra di Bari zuwendet, wo tatsächlich die hinterbliebenen friederizianischen Bauten noch heute ihren besonderen Verteidigungscharakter verraten. Durchfährt man nämlich das hügelige Gebiet der Murge, so entdeckt man wenige Kilometer vor Andria **Castel del Monte**, an einem Ort, wo solch ein Bauwerk dem Anschein nach gar keinen Sinn hätte (wenn man die Verkehrswege und ein plausibles Verteidigungsschema ins Auge faßt); es handelt sich um das bekannteste Baudenkmal (siehe S. 178),das mehr als alle anderen mit dem Menschen verbunden ist, mit welchem es auch identifiziert wird, Friedrich II..Sein Aussehen ist weltbekannt, und sein Mythos (mehr als seine Geschichte) wird durch eine beachtliche Menge an Literatur ständig angereichert, und trotz der eingehenden Untersuchungen und der Wissenschaftlichkeit der Beiträge ist man bis heute nicht imstande gewesen, die Lösung zahlreicher, noch offenstehender Fragen betreff dieses Gebäudes zu finden: warum das Schloß gerade an diesem Ort, in dieser Form und zu welchen Zwecken entworfen und erbaut wurde. Der Eindruck ist immer noch der eines ungelösten Rätsels, vielleicht weil unsere Mentalität nicht imstande ist, einen so kontinuierlichen Einsatz geometrischer Muster zu begreifen, der scheinbar jegliche zweckbestimmte Hierarchie abweist, vielleicht aber auch, weil uns einfach geschichtliche Nachweise dazu fehlen. Die einzige Urkunde, die darüber Auskunft gibt, ein Brief aus dem Jahr 1240, läßt nicht deutlich erkennen, ob das Gebäude zur Zeit noch im Bau gewesen oder ob schon das Baumaterial zur Abdeckung des Daches vorbereitet gewesen sei. Ob nun Burg oder Schloß, sicherlich wurde es auch errichtet, um einen gewissen Eindruck zu erwecken, um den aus seinem Auftraggeber strahlenden Zauber mit der kaiserlichen Idee von Staat und Macht zu vereinen. Einige Historiker zitieren des Kaisers Leidenschaft für die Falknerei, die er von seinem Vater Heinrich erbte, weshalb also Castel del Monte zu den kaiserlichen Residenzen zu zählen sei, die der Ausübung der Falkenjagd dienen sollten, dank auch der idealen Lage und der Schönheit der Landschaft, die uns in den historischen Überlieferungen als reich an Vegetation und Gewässern beschrieben wird.

Castel del Monte, Detailansicht des einzigen dreibogigen, nach Norden in Richtung von Andria gerichteten Fensters; die Tradition erkennt in dieser Ausnahme (alle anderen Fenster des Obergeschosses sind zweibogig) die besondere Vorliebe des Kaisers für diese Stadt, wo unter anderem zwei seiner Ehefrauen begraben worden waren.

Gotti fredi mbuglione dera reou aper · · · tutta pace la figluola del Re Groüann·

Oben:
Miniaturbild, das Gregor IX. darstellt, wie dieser Jolande von Brienne Friedrich II. als Ehefrau zuführt, aus der Cronica figurata *von Giovanni Villani (14. Jahrhundert), Rom, Biblioteca Apostolica Vaticana, ms Chig. LVIII 296*

Rechts:
Andria, der Mariä Himmelfahrt geweihte Dom. Er wurde 1438 bis 1465 über ein vorbestehendes romanisches Gebäude errichtet, von welchem noch die Krypta erhalten ist, die der primitiven, dem Heiland geweihten Kirche entspricht, auf welcher dann im 12. Jahrhundert die Kirche erbaut wurde. In dieser Krypta wurden Jolande von Brienne und Isabel von England, Gattinnen von Friedrich II. begraben.

Eine sehr malerische Landschaft, ähnlich dem im berühmten *De arte venandi cum avibus* beschriebene Gelände, ein Werk, das angeblich der Kaiser selbst verfaßt haben soll, ein regelrechtes illustriertes Handbuch über die Kunst der Falkenjagd, reich an nutzvollen Ratschlägen, die nur jemand erteilen konnte, der selber eine reiche Erfahrung auf diesem Gebiet besaß.

Die Abhandlung kann durchaus mit einem modernen wissenschaftlichen Traktat über die Vogelkunde verglichen werden, das gewiß einer jahrelangen Vorbereitung und genauer Untersuchungen bedurft hatte, eine gründliche Beherrschung der damaligen Kenntnisse beweist und auf eine gewissenhafte Verarbeitung der in Arabien bekannten Verfahren hinweist.

Unsere Route verläßt somit die ungelösten Rätsel des geheimnisvollen Castel del Monte, um entlang der sanft absteigenden Murge den Weg in Küstenrichtung einzuschlagen. Wir erreichen jetzt **Andria**, der schon im 9. Jahrhundert erwähnte, aber weit früher besiedelte *Loco Andre*. Die Stadt wurde von den Normannen mit Mauern versehen, wurde später zum Bischofssitz, wurde unter den Anjous zur Grafschaft und unter dem Geschlecht der Del Balzo zum Herzogtum erhoben; sie gehörte zu Friedrichs Lieblingsstädten, und er taufte sie auf den Namen *Andria fidelis* um: hier wurde sein Sohn Konrad geboren und hier sind in der städtischen Kathedrale zwei seiner Frauen, Isabel von England und Jolande von Brienne, begraben. Nach der Überlieferung ist angeblich aus diesem Grunde das einzige große dreibogige Fenster von Castel del Monte nach der Stadt Andria ausgerichtet, die vom zweiten Saal des Obergeschosses aus am Horizont sichtbar ist. Dies widerspricht den Gerüchten, wonach die neulichen Überprüfungen der Leichen Giftspuren in den Resten der zwei vom Kaiser geliebten Frauen ergeben hätten.

Andria, Krypta der Kathedrale. Die historischen Urkunden erzählen, wie Jolande von Brienne und Isabel von England, zwei der Ehefrauen von Friedrich II., in Andria begraben wurden, aber die beiden Grabmäler wurden erst 1904 in der Krypta der Kathedrale entdeckt; 1992 wurden die spärlichen Reste aus den Urnen untersucht, wobei die erst kürzlich veröffentlichten Ergebnisse tatsächlich bestätigt haben, die Knochen könnten den beiden staufischen Kaiserinnen angehört haben, deren Todesalter bekannt ist: 17 Jahre für Jolande und 27 Jahre für Isabel. Es ist noch zu klären aus welchem Grunde die Gräber so bescheiden sind, sicherlich der Kaiserinnen Würde nicht angemessen; es ist wahrscheinlich besser, nicht weiter zu forschen und es der Legende zu überlassen, weiterhin ihren Zauber im Mangel wissenschaftlicher Bezeugungen auszustrahlen!

So gelangen wir nun in die Terra di Bari, dem historischen Gebiet, das in etwa der Provinz der heutigen apulischen Hauptstadt entspricht, dem Land der Küstenstädte und der Hafenstützpunkte, das einst vom Kommen und Gehen der Handelsleute, der Krieger, der Pilger belebt wurde, die sich von hier aus in Richtung des Orients und des Heiligen Landes einschifften.

Entlang der Adria, gleichzeitig natürliche Abwehr und Angriffspunkt dieser Städte, entstanden die Schlösser, die heute mit ihrer normannisch-staufisch-aragonischen Bezeichnung die komplizierte geschichtliche Schichtenablagerung bezeugen.

Kartographische Darstellung der Terra di Bari, aus G.B. Pacichelli (1703). Zwischen der Capitanata (im Norden) und der Terra d'Otranto (im Süden) liegend, handelt es sich hierbei um eine der drei historischen Regionen Apuliens, die in etwa der heutigen Provinz von Bari entspricht.

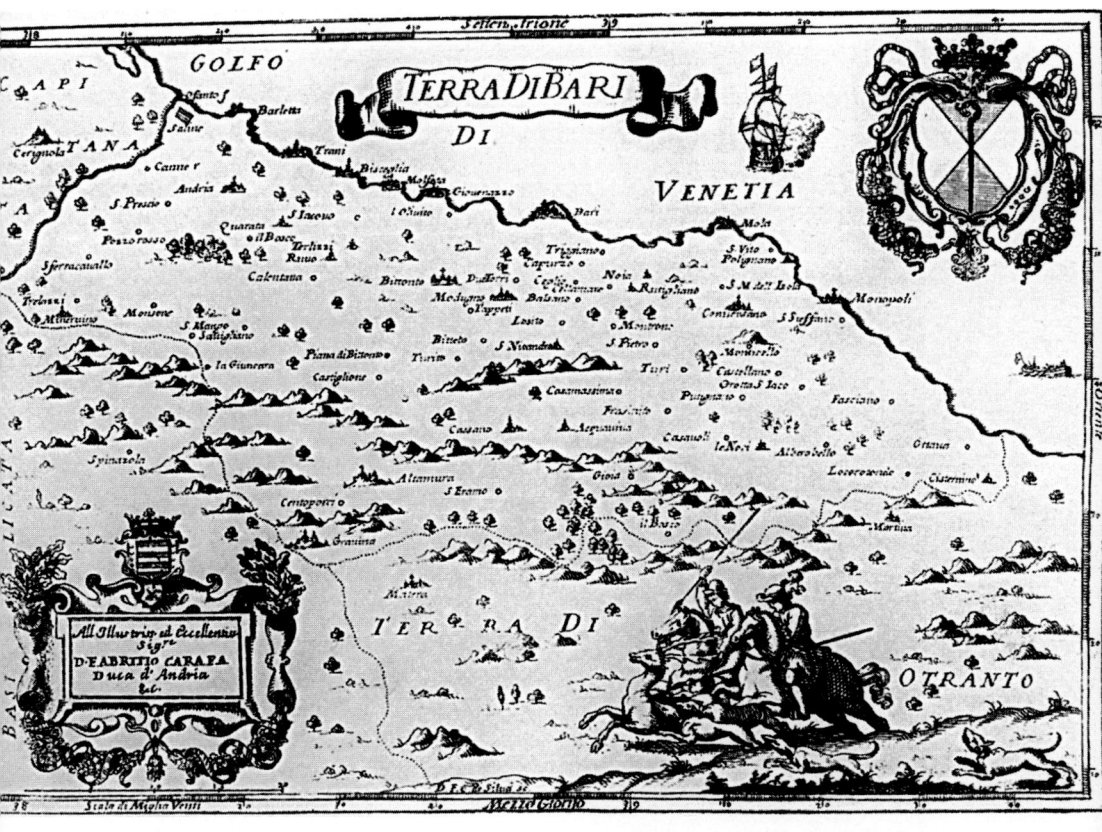

Die erste Küstenstadt von Norden her ist **Barletta**, als Geburtsort des Malers De Nittis, als Standort des Heraklius, dem berühmten Bronzekoloß aus dem 4. Jahrhundert, der vermutlich einen der letzten römischen Kaiser darstellte, aber auch wegen ihres denkwürdigen Duells bekannte Stadt. In der Antike *Bardulos* benannt, begann ihre Ausweitung kurz nach der Zerstörung von Cannae (1083), als die erste Besiedelung begann. Anfangspunkt unseres Rundganges ist die **Kathedrale von S. Maria Maggiore**, die im 12. Jahrhundert über eine frühere Kultstätte errichtet wurde und mindestens zwei verschiedene Bauphasen zeigt; der romanische Bau bestand aus einer Basilika-Anlage mit drei Schiffen, deren mittleres mit einem Dachstuhl abgedeckt war, während die Seitenschiffe Pultdächer besaßen, und aus einem Chor unter einem gerippten Kreuzgewölbe, der von den in den Ausgrabungen der 50er Jahre

Auf dieser Seite:

Barletta, der Koloß. Seit eh und je wird der bronzene Riese mit dem Stadtbild in Verbindung gesetzt. Eine der auf diese Figur bezogenen Legenden, die soweit "vermenschlicht" wurde, daß sie als der Gemeinde angehörig angesehen wird, erzählt von der Verzweiflung der Einwohner von Barletta, als die französischen Soldaten auf die Stadt zumarschierten und die Stadt selbst weder Mittel noch Leute hatte, um sich diesen zu widersetzen. Man sagt, der Koloß habe die Panik der Stadt erfaßt, sei von seinem Podest abgestiegen, um über die Lage informiert zu werden. Die Bevölkerung habe ihn daraufhin um Hilfe gebeten; Heraklius habe also einen Plan entsinnt, und habe sich außerhalb der Stadtmauer begeben, um auf die Feinde zu warten. Sobald er sie erblickte, habe er mit Hilfe einer Zwiebel seine Augen zum Tränen gebracht und schluchzend den Kopf zwischen beide Hände genommen. Den erstaunten Franzosen habe er erzählt, er sei der kleinste Lausbub der ganzen Stadt. Er habe am Morgen die Schule geschwänzt und beim Spiel alle Knöpfe seines Hemdes verloren und dafür zu Hause eine Tracht Prügel erhalten.
Die Franzosen seien bei dieser Geschichte in Panik auf und davon gelaufen; sie hatten versucht sich vorzustellen, wie groß die Einwohner der Stadt sein mußten, da doch Heraklius der kleinste davon war! Die Stadt war somit gerettet und Heraklius als Retter und Beschützer der Gemeinde ernannt.

Rechts:

Barletta, Sicht auf die Apsidenseite der Kathedrale. Die S. Maria Maggiore geweihte Kirche wurde im Jahr 1140 vom Architekten Simiacca und seinem Sohn Luca da Barletta in romanischem Stil entworfen; die polygonale Apsis mit eckigen Stützpfeilern geht auf den gotische Ausbau ab 1307 zurück.

wiederentdeckten Apsiden abgeschlossen wurde; die Erweiterung in gotischer Epoche ist im heutigen Presbyterium erkenntlich, dessen Hauptschiff mit gerippten Kreuzbögen, die Seitenschiffe mit rundem Tonnengewölbe abgedeckt sind, und im Chor, der eine große polygonale Apsis mit Chorumgang und strahlenförmig angelegte Kapellen miteinschließt und gerippte Kreuzgewölbe und Pfeiler hat.

Dank der laufenden Ausgrabungen sind auch große Mosaikfragmente der späten Antike und des Hochmittelalters ans Licht gekommen.

Nicht weit von der Kathedrale entfernt erhebt sich das **Schloß** (siehe S. 124), früherer Küstenvorposten unter den stärksten Süditaliens; von den Normannen gegründet, von den Staufern neu erbaut und befestigt, von Manfred zur Residenz erklärt, wurde es später von Karl V.zur weiteren Befestigung mit vier lanzenförmigen Eckbollwerken versehen. Heute ist es Sitz der Städtischen Bibliothek und enthält die ansehnliche Sammlung des zukünftigen Museums: zahlreiche Gemälde, darunter Bilder des berühmten De Nittis, ein reiches *lapidarium*, eine beträchtliche Menge an archeologischen Fundstücken und unzählige Münzen, Waffen und Gegenstände aus allen Epochen und verschiedenen Ursprungs.

Ferner sind die vorwiegend mittelalterlichen Grabsteine sehenswert, die längs des Hofes aufgestellt sind, und welche eine interessante Musterung der Wappen wichtiger Adelsfamilien von Barletta darstellen. Ein sehr origineller Bau ist die dem **Santo Sepolcro** geweihte Kirche, die ursprünglich in romanischem Stil erbaut wurde und

Barletta, das Innere der Basilika vom Santo Sepolcro. Es handelt sich um eine der interessantesten Kirchen der Stadt, das Ergebnis einer gotisch-burgundischen Neubearbeitung des vorbestehenden romanischen Gebäudes, dessen Vorhandensein schon im Jahr 1061 bezeugt wird. Ein reicher Schatz ist darin enthalten, der Gegenstände aus dem Heiligen Land und Limosiner Manufaktur miteinbezieht, darunter eine eukaristische Taube und Champlevé Email aus dem Jahr 1184, ein Reliquienschrein des Heiligen Kreuzes aus vergoldetem Silber und Email, eine Monstanz aus Silber und Bergkristall, eine kleine Urne aus emailliertem Metall aus dem 13. Jahrhundert.
Rechts: Barletta, der sogenannte Cantina della Disfida (Keller des Duells). Man erzählt, hier habe das Duell stattgefunden, dank welchem die Stadt berühmt wurde, als dreizehn italienische Ritter ebensoviele Franzosen besiegten (1503). Er befindet sich in einem mittelalterlichen Bau in der Via Cialdini, wo heute noch die Türme und ein schönes spitzbögiges Tor zu sehen sind.

im späten 12. Jahrhundert nach gotisch-burgundischen Formen umgebaut wurde.

Eine erste Erwähnung dieser
Kirche, die sich außerhalb der Stadtmauern an der Kreuzung der zwei
öffentlichen Straßen nach Canosa
und nach Salpi befand (eine privile-
gierte Stellung wegen des Verkehrs
zwischen Stadt und Land), findet
sich in einer Urkunde vom Jahr
1138, wo sie zu den Besitztümern
der Kirche des Heiligen Grabes von
Jerusalem gezählt wird, wie damals
viele andere religiöse und ritterliche
Einrichtungen, die mit den Kreuz-
zügen in Verbindung standen und
in Barletta zwischen dem 12. und 14.
Jahrhundert verbreitet waren.

Sie enthält einen reichen und
interessanten Schatz, der bald im
eigens dafür eingerichteten Museum ausgestellt sein wird. Der berühmte, schon erwähnte **Koloß** aus

Bronze ist eine Statue beachtlichen
Ausmaßes (5,11 Meter), die sich
an der Kreuzung der beiden
städtischen Hauptverkehrsadern,
Via Garibaldi und Corso Vittorio
Emanuele, über einem steinernen
Sockel in der Nähe der Kirche des
Santo Sepolcro erhebt.

Die Überlieferung besagt,
daß der *Koloß* infolge eines Schiff-
bruches auf dem Wege von Konstantinopel nach Venedig für längere
Zeit in der Nähe des Zollpiers gelegen habe, und im Jahr 1491 auf den
Marktplatz hinter dem Santo Sepolcro aufgestellt worden sei, wo er sich
heute noch befindet, nachdem der
neapolitanische Bildhauer Fabio
Alfano die Arme und Beine nachge-
schaffen hatte; es ist festgestellt
worden, daß die Statue einen byzantinischen Kaiser in militärischer
Kleidung darstellt, obwohl die Überlieferung besagt, es handle sich um

den Kaiser Heraklius, was jedoch sehr umstritten ist. Eine weitere Sehenswürdigkeit der Stadt stellt der **Cantina della Disfida** (Keller des Duells) dar, wo angeblich im Jahr 1503, während des Krieges zwischen Franzosen und Spaniern, ein Duell zwischen dreizehn von Ettore Fieramosca angefürten Rittern und genausovielen Franzosen unter der Leitung von La Motte stattgefunden haben soll. Vielzählige Kirchen und Paläste, wovon die meisten prunkvolle Gemälde und Skulpturen aller Epochen enthalten, vollenden das reizvolle Bild dieser schönen Stadt.

Entlang der Küste, nur wenige Kilometer von Barletta entfernt, liegt **Trani**, eine Stadt mit edlen Traditionen, Heimat des bekannten Muskatellerweines, reich an prächtigen Palästen und Kirchen, die aus dem berühmten "Marmor von Trani" erbaut wurden, ein leuchtendes weißes Gestein, das in Abhängigkeit der Wetterlage verschiedene Farbtönungen annimmt. Das Bild der Stadt, die der Legende nach von Thyrrenus, Sohn des Diomedes, gegründet wurde, ist ohne Zweifel an ihre berühmte **Kathedrale** gebunden, die dem San Nicola Pellegrino geweiht ist und sich hoch und anmutig direkt am Meeresufer erhebt, wobei die drei Apsiden an drei spindelförmige Orgelpfeifen gemahnen; trotz ihrer Proportionen, die eher in die Höhe als in die Breite tendieren und daher ziemlich ungewöhnlich sind, sind doch die grundlegenden Elemente typisch für die apulische Bauweise. Der Bau besteht aus einer Überlagerung von drei verschiedenen Kultstätten: die eigentliche Kirche ist die oberste, unter welcher

sich die beiden Krypten von S. Maria und S. Nicola befinden, die ihrerseits auf der antiken Gedächtniskapelle von S. Leucio basieren; unter anderem enthält die Kirche noch die Bronzetore des Barisano da Trani (etwa 1180), die aber zur Zeit nicht sichtbar sind, weil sie einer Restaurierung unterzogen werden, und ferner einige Bruchstücke des Mosaikbodens aus dem 12. Jahrhundert im Presbyterium; der Glockenturm stammt aus dem 13. Jahrhundert und wurde von einem gewissen *Nicolaus Sacerdos et Magister* auf dem Sockel unterzeichnet; die aus den Ausgrabungen der früheren Kathedrale stammenden Fundstücke, sowie Fragmente der Verzierungen aus dem 18. Jahrhundert sind zum Teil in der Kathedrale selbst verwahrt, zum Teil im nahen **Museo Diocesano** ausgestellt; eine einzigartige Gelegenheit! Auch das normannisch-staufische **Schloß** (siehe S. 148), erst vor kurzem restauriert, hat einen direkten Ausblick auf das gegenüberliegende Meer, so wie die **Chiesa dei Templari** (Kirche der Tempelritter), die Allerheiligen geweiht ist, einen wunderbaren Ausblick auf die Hafenbucht genießt, und die an den kleinen, mit einem

Trani, die Kathedrale. Dem Hl. Nicola Pellegrino geweiht, stellt sie den Schwerpunkt der Altstadt dar, aus welcher sie dank ihrer in die Höhe gerichteten Form herausragt. Sie steht neben dem früheren Episkopat, wo später die heute zu sehende Krypta der Hl. Maria errichtet wurde, und von welchem noch zahlreiche Reste erhalten sind, die aus dem Kirchengerät stammen und die im Laufe der archeologischen Ausgrabungen der 70er Jahre entdeckt wurden.

äußerst raffinierten Fenster ge-
schmückten Apsiden erkennbar ist;
viele andere Kirchen aus verschiedenen Zeitaltern, vom Mittelalter bis zum achtzehnten Jahrhundert,
und zahlreiche Paläste des Adels
(darunter der gotische Palazzo Cac-
cetta), vollenden das Panorama einer Stadt, die so anziehend ist, daß
wir unser eigentliches Reisethema
fast vergessen hätten.

*Ruvo, die Kathedrale. Es handelt sich hierbei
um eines der typischsten Beispiele der apulischen
Romanik, wobei insbesondere der äußerst spitze
Giebel auffällt, der der Fassade einen sehr
schlanken Ausdruck verleiht, trotz der insgesamt
bescheidenen Ausmaße des Bauwerkes. Die
Kirche gründet auf einem vorbestehenden Gebäude, das dank einem komplizierten unterir-
dischen Verbindungssystem besichtigt werden
kann. Außer der Grundstruktur und den
Stützpfeilern sind von der früheren Kirche noch
große Reste des Mosaikbodens, sowie einige
Spuren der Freskendekorierung erhalten.*

Wie üblich sind auch hier die Spuren Friedrichs in den Befestigungsanlagen zu suchen: man weiß, daß der Kaiser nicht nur das hiesige Schloß erbauen, sondern auch die Verteidigungsanlagen des Hafens ausrüsten und die Stadtmauern ausbessern ließ, ohne zu vergessen, daß während des Mittelalters eine zahlreiches jüdische Gemeinschaft in Trani angesiedelt wurde, die mehrere Synagogen errichtete; später wurden diese in Kirchen verwandelt, von denen zwei heute noch erhalten sind, S. Anna und S. Maria Scolanova.

Wenn wir uns jetzt dem Landesinneren zuwenden, so erreichen wir **Ruvo**, eine ursprünglich peuzetische Siedlung und spätere, an der Via Traiana gelegene römische Stadt, die wegen ihrer wertvollen Sammlung klassischer Vasen berühmt ist, die im Museum Jatta ausgestellt sind, das seit kurzem Nationalmuseum geworden ist. Der Bau der sehr eigentümlichen **Kathedrale** geht zum Teil auf die staufische Epoche zurück; auch in diesem Falle wurde sie über eine vorbestehende Kultstädte errichtet, die heute dank der ausgeführten Ausgrabungen ans Licht gekommen ist und besichtigt werden kann. Die Kathedrale wurde zwischen dem

Ruvo, die Kathedrale, die sogenannte Figur des Sitzenden, die sich in einer Nische über der Rosette befindet. Es gibt davon verschiedene Interpretationen im Sinne der ikonographischen Darstellung und der möglichen Bedeutung der erhöhten Stellung, weshalb damit eine Figur der Apokalypse abgebildet sein könnte, die auf den Knien das Buch der Sieben Siegel hält, doch die Überlieferung sieht darin schon seit jeher den Kaiser Friedrich II., der sich an den Baukosten mitbeteiligte.

12. und 13. Jahrhundert erbaut und unterscheidet sich wegen ihrer schlanken Fassade mit sonderlich betonter Zuspitzung, einem großen Rundfenster im oberen Teil und drei Portalen, deren mittleres prachtvoll ausgemeißelt ist und von zwei säulentragenden Löwen unter zwei Greifvögeln flankiert ist.

Auch das Innere erfährt die gleiche aufwärtsführende Spannung, die durch die Anwesenheit falscher Galerien noch weiter betont wird. Das heutige Aussehen der Kathedrale ist das Ergebnis einer langjährigen Arbeit, die sich über ein Jahrhundert hinzog, und der Abänderungen, Verwandlungen und Wiederherstellungen folgten. Aus dem friederizianischen Zeitalter stammt unter anderem ein

Balkon über Kragsteinen, der die nicht begehbare Galerie ersetzte, ferner die gemeißelten Verzierungen der Tore sowie die Reihe der Figuren darstellenden Kragarme an der südlichen Außenseite, wovon aber viele auf neuere Restaurierungen zurückzuführen sind. Die rätselhafte "sitzende Figur" in der Nische über dem Fassadenrundfenster soll angeblich Friedrich II. darstellen, der sich mit an den Baukosten beteiligt haben soll; ob dies nun stimmt, oder ob es sich um einen Heiligen oder um eine Figur aus der Apokalypse handelt, so ist trotzdem bemerkenswert, wie der Volksmund aus der besonders hohen Stellung der Statue und aus den Zügen der Figur interpretierte, es handele sich zweifelsohne um ihren Kaiser.

Ruvo, die Greifvögel des Hauptportals. Der Greifvogel, ein imaginäres Tier mit Adlerschnabel und -flügeln und dem Körper eines Löwen, ist eines der wiederkehrenden Motive in den mittelalterlichen Darstellungen, wobei die zweifache Natur die Doppelnatur - menschlich und göttlich - von Christus darstellen soll; in der späteren christlichen Tradition wirde er hingegen mit der bösen Macht des Teufels in Verbindung gesetzt, bis hin zur eigentlichen Identifizierung mit dem Satan. Die Funktion als Wächter (wie in diesem Falle an den Seiten des Hauptportals) geht auf die Griechen zurück, bei welchen dieses Tier Kraft und Wachsamkeit symbolisierte, aber er stellt auch die zu bewältigende Hürde zum bewachten Schatz dar.

Ruvo, Detail eines der Kragsteine des südlichen Gesimses. Viele der Figuren darstellenden Kragsteine der südlichen Seite der Kathedrale erscheinen nachgemacht; doch einige strahlen eine beträchtliche Ausdruckskraft aus, wie die hier abgebildete, ein jugendliches, gekröntes Haupt, sehr ähnlich der Gipsfigur von Capua, die das Haupt des Kaisers darstellte und heute leider verloren gegangen ist.

Ruvo, das Innere der Kathedrale. Die ursprüngliche Anlage aus dem 12. Jahrhundert, die nach dem klassischen Basiliken-Schema verlief, mit Ausnahme der kreuzförmigen Pfeiler anstatt der Säulen, wurde später durch eine neuere mit Galerien ersetzt (die nie vollendet wurden), nach dem Beispiel der Basilika von S. Nicola in Bari.

Auf halber Strecke zwischen Ruvo und Bari liegt **Bitonto**, ein wichtiges landwirtschaftliches Zentrum, das wegen seiner Olivenölproduktion berühmt ist; die Gründung der Stadt geht auf die Antike zurück, unter den Römern hieß der Ort *Butuntum*, heute rühmt er sich einer der schönsten romanischen Kathedralen von ganz Apulien, die seit kurzem durch eine Restaurierung des Äußeren ihre ursprüngliche Pracht zurückerlangt hat. Zur Zeit (1994) ist die Kirche leider zum Teil nicht zugänglich, denn die im Inneren ausgeführten Ausgrabungen haben die Anlage einer vorbestehenden Basilika ans Licht gebracht: die Funde bestehen aus Pfeilern mit Resten von Fresken, Bruchstücke steinerner Verzierungen, wahrscheinlich aus dem 11. Jahrhundert und großen Abschnitten eines Bodenmosaiks, darunter die Abbildung eines wunderschönen,

sehr gut erhaltenen Greifvogels (zur Besichtigung der Krypta wende man sich an die Verkehrspolizei).

Die Einbeziehung von Bitonto in unsere Führung ist nicht zufällig: abgesehen des unbestreitbaren Interesses für eine an Kirchen und Palästen aus allen Epochen reiche Stadt, lassen wir uns auch hier von den Spuren des Kaisers anziehen; wir finden sie in der Sankt Valentin geweihten Kathedrale, die zwischen dem 12. und 13. Jahrhundert nach dem Beispiel der Basilika von S. Nicola in Bari errichtet wurde. Die Kirche besitzt eine imposante, durch Lisenen senkrecht dreigeteilte Fassade mit spitzem Giebel; sie enthält drei Tore (das mittlere ist mit prächtigen Pflanzenmotiven und Szenen aus dem Neuen Testament verziert), vier zweibogige Fenster und ein prunkvolles Rosenfenster, das von Tieren auf hängenden Säulen flankiert ist.

Die südliche Seite, die auf den Platz schaut, weist einen eleganten sechsbögigen Laubengang mit Säulen mit reichverzierten Kapitellen auf. Das Innere ist durch Säulen und Pfeiler mit Halbsäulen in drei Schiffe aufgeteilt; die reiche ursprüngliche Ausstattung (zu welcher der Altar, das Ziborium und die Einfassung des Chores gehören) ist leider nur mehr parziell erhalten, da sie den gewalttätigen Eingriffen der Barockzeit großenteils zum Opfer fiel. Interessant ist der noch sichtbare Ambon, der jetzt dem rechten Stützpfeiler des Triumphbogens zur Seite steht, aber ursprünglich zwischen den zwei letzten Säulen links des Hauptschiffes untergebracht war; er besteht fast gänzlich aus Marmor, wurde im siebzehnten Jahrhundert entfernt und im darauffolgenden Jahrhundert nur zum Teil wieder aufgebaut und trägt den Namen des Künstlers (*Nicolaus sacerdos et magister*, der gleiche Nikolaus, der den Sockel des Glockenturmes der Kathedrale von Trani unterschrieb) und das Datum des Jahres 1229.

Ein von einem Telamon getragener Adler stützt die Kanzel, die

Nebenseite: Bitonto, Ansicht der Kathedrale. Die Ausschmückung der ursprünglich einfachen Bauart aus dem 12. Jahrhundert geht auf die erste Hälfte des 13. Jahrhunderts zurück: damals wurde auf der Fassade das Rosenfenster geöffnet und das Hauptportal wurde mit Plastiken verziert; bemerkenswert sind hierbei die säulentragenden Löwen, die kleinen Säulen, die Greifvögel, die die Archivolte tragen, auf dessen Höhepunkt ein Pelikan mit geweiteten Flügeln thront, als Personifizierung von Christus.

Auf dieser Seite: Bitonto, mit Figuren geschmückter Stein des Ambons von Nicolaus. Trotz der Lücken stellt dieser Ambon eine der wertvollsten Plastiken der apulischen Bildhauerei dar, nicht nur dank der antiken Ausmeißelung, sondern auch aufgrund der angebrachten Inschrift (HOC OPUS FECIT NICOLAUS/SACERDOS ET MAGISTER ANNO MILLESIMO/DUCENTESIMO VICESIMO/NONO I(N) DICTIONIS SECUNDE), die uns somit den Namen des Schaffers und das Datum überliefert hat.

Verzierung wird durch reiche Schnitzereien, Verflechtungen und Durchbrüche und deren chromatische Tönungen erzielt; eine weitere Sehenswürdigkeit des Ambons ist durch eine dreieckige Platte gegeben, die in das Geländer der Treppe eingearbeitet ist und von einem inkrustierten Bandgesims eingerahmt ist, das eine rätselhafte weltliche Szene im Basrelief zeigt: es sind darauf in frontaler Stellung eine sitzende und drei stehende Figuren, die von einer Reihe kleiner Bögen eingerahmt sind, und ein gefederter Vogel (vielleicht ein Adler) am rechten unteren Rand abgebildet.

Sie werden in der Tradition als Angehörige der Stauferfamilie angesehen, sie könnten vielleicht Friedrich I. Rotbart (von der ersten, sitzenden Figur ausgehend) bei der Übergabe des Zepters an Heinrich IV. darstellen; die beiden anderen Figuren würden Friedrich II. und dessen Sohn Konrad in Art einer Verherrlichung der Dynastie abbilden; sollte es sich hingegen bei der sitzenden um eine weibliche Figur handeln (was aus der kronenartigen Frisur abgeleitet werden könnte), so könnte damit eine Personifizierung der Stadt Bitonto gemeint sein, der von einem Ausgesandten Friedrichs, den die gekrönte Figur in der Mitte darstellen würde, das Zepter überbracht wird, als Symbol ihrer reichsstädtischen Stellung, die ausschließlich der königlichen Autorität unterstand.

Nun kehren wir an die Küste zurück und erreichen endlich **Bari**, Regionalhauptstadt und zweitgrößte Stadt des süditalienischen Festlandes, sowie historischer Stützpunkt, vor allem dank der Bedeutung ihres Hafens. Wir werden hier von der neuen Stadt nur andeuten, daß es sich um ein äußerst lebhaftes Handels- und Kulturzentrum handelt, wobei jedoch zu unterstreichen ist, daß die großstädtische Ausweitung und die Behauptung auf wirtschaftlichem Gebiet, die erst seit kurzem stattgefunden haben, sich aus der historisch verwurzelten Neigung dieser Stadt zum Handel, zum Austausch zwischen verschiedenen Völkern und Kulturen ergeben haben.

Wir werden unser Augenmerk jedoch auf die Altstadt richten, die sich im Laufe der Jahrhunderte über eine kleine Halbinsel verbreitet hatte, bis dann nach der Eroberung durch Napoleon im neunzehnten Jahrhundert die alten Stadtmauern abgerissen wurden und eine neue Vorstadt im damals typischen Schachbrettschema angelegt wurde.

Die Spuren der weiteren Vergangenheit sind heute in Bari nur mehr sehr schwach vertreten; während des Mittelalters wurde die Stadt einer raschen Folge verschiedener Fremdherrschaften ausgesetzt, die ihr eine immer neue Rolle zuschrieben: unter den Langobarden wurde ihr eine Vogtei unterstellt, die Sarazenen ernannten sie zum Emirat, die Byzantiner schrieben ihr die Rolle einer *thema* zu; schließlich erlangte sie unter den Normannen die Stellung einer wichtigen Reichsstadt, die sie später unter den Staufern, den Anjous, den Aragonern behielt.

Es ist schwierig die vielzäligen Spuren dieser ruhmreichen Vergangenheit nach ihrer Bedeutung zu ordnen: um jedoch dem Besucher eine genauere Erkundung der gesamten Altstadt zu ermöglichen, ist es wohl angebracht, zuerst die drei wichtigsten "Knotenpunkte" der städtischen Anlage zu zitieren, die wohl oder übel die historischen, kulturellen, religiösen und baulichen Begebenheiten des alten Stadtkernes beeinflußt haben.

Bari, kartographische Ansicht der Stadt, aus G.B. Pacichelli (1703).
Man achte, wie trotz der starken Vereinfachung die dreieckige Form der Halbinsel mit der Altstadt zu erkennen ist, die allein durch zwei Tore in der Stadtmauer zugänglich war; das eine Tor wurde vom Schloß (links) aus bewacht, das sich am Rande der Siedlung erhebt. Der Glockenturm der Kathedrale ragt über die Stadtlinie empor und ist mit dem Buchstaben A gekennzeichnet; die Real chiesa di S. Nicola *ist weiter oben zu finden, an der Spitze der Halbinsel, wo der Buchstaben B die nikolaische Zitadelle angibt, die fast selbst wie eine Festung aussieht, und welche durch ein Tor zugänglich ist, auf welches ein Fächer von Straßen ausgerichtet ist.*

A. Arciuescouato. B. la Real Chiesa di S. Nicolo. C. Castello. D. Piazza Maggiore. E. Seggio de' Nobili. F. Torrione dei moli. G. Porta Noud. H. Porta Reale. I. Ospitale. K. Porta delli Curti. L. Case della Corte. M. Torrione di S. Scolastica.

Wir werden uns als erstes der **Basilika von S. Nicola** widmen, dem weitberühmten Heiligtum, welches im Jahre 1087 vom benediktinischen Abt Elias an der Stelle des urspünglichen byzantinischen *Praetorium* gegründet wurde, mit dem wesentlichen Zweck, die in Myra, in Kleinasien, von baresischen Seeleuten entwendeten Reliquien des Heiligen aufzunehmen. Der Bau zog sich über ein Jahrhundert lang hin, obwohl der Beginn wohl sehr zügig vonstatten gegangen sein muß, wenn schon im Jahr 1089 Papst Urban II. die Krypta einweihen konnte und im Jahr 1105 nach dem Tode des Elias sein Nachfolger Eustasius (1105-1123) den Plan fortsetzte und sich dem Schmuck und der Ausstattung widmen konnte. Der Bau erfuhr auch mehrmalige Unterbrechungen, im Laufe der zweiten Hälfte des 12. Jahrhunderts wurden zahlreiche Abänderungen vorgenommen, bis man endlich im Jahr 1197 zur feierlichen Einweihung gelangte. Wegen einer ganzen Reihe struktureller Eigenheiten erweist sich dieses Gebäude als eine vollkommene Neuheit im Panorama der apulischen Romanik: die entlang der Seitenwände über tiefe Bögen laufenden Galerien, die das kurze Transept ausgleichen, die asymmetrischen Türme, die die Fassade einschließen, die kontinuierliche Ostmauer, die die Apsiden und zwei Türme mit einbezieht und eine regelrechte, dem Meer zugewandte Fassade darstellt. Es bestehen Ansichten, die Kirche sei dem Entwurf nach auf gemeinüblichere Weise angelegt und erst während der Bauarbeiten abgeändert worden, wobei die Emporen und die äußeren Bogengänge dem Einfluß nördlicher Baumuster zu verdanken wären, die von den Benediktinern und Normannen eingeführt wurden; andere vermuten eine Verwertung der vorbestehenden byzantinischen Regierungsgebäude, doch nach den neuesten Untersuchungen erscheint das Vorhandensein eines ursprünglichen, einheitlichen Entwurfes glaubwürdig, der von Anfang an die Galerien, Türme und eine Apsiden-Fassade vorsah, und vom Abt Elias ersinnt wurde, um sowohl den funktionellen und baulichen, als auch den symbolischen und repräsentativen Erfordernissen zu entsprechen. Das Heiligtum, das in Vergangenheit für Pilger eine feste Station und eine Eröffnung des Abendlandes zur östlichen Geistigkeit bildete, stellt für die mittelalterliche Architektur und Kunst einen bedeutenden Bezugspunkt dar; es handelt sich nämlich um das erste apulische Bauwerk, das die neuen Errungenschaften der Bautechnik aus dem Norden mit der lokalen byzantinischen Tradition verbindet und somit eine neue Stilrichtung für zahlreiche weitere Kirchenbauten der Terra di Bari zwischen dem 12. und 13. Jahrhundert angibt (man denke zum Beispiel an die Kathe-

Bari, die Basilika von S. Nicola, vom gleichnamige Torbogen aus dem 14. Jahrhundert aus gesehen. Der spitzbogige Torbogen von S. Nicola ist mit einem Bas-relief ausgeschmückt, das den Heiligen und vier Wappen abbildet. Durch ihn erreicht man den Vorplatz der berühmten Wallfahrtskirche, auf welchen auch verschiedene andere kleinere Gebäude schauen, wie die Kirche von S. Gregorio und der sogenannte Portico dei Pellegrini (Pilgerlaube).

dralen von Bitonto und Trani). Zu den vielen Sehenswürdigkeiten der Kirche zählen unter anderem das sogenannte "Löwentor" an der nördlichen Seite und das mittlere Portal der Hauptfassade, das mit einer giebelförmigen Vorhalle geschmückt ist, die sich auf zwei säulentragende Ochsen stützt. Im Inneren suche man im Chorraum den sogenannten "Eliasstuhl" auf, ein außergewöhnlicher Bischofsstuhl, der im 12. Jahrhundert aus einem einzigen Marmorblock gemeißelt wurde und sich auf verschlungene Gebälkträger und grimmige Löwinnen stützt; die reichverzierte und geschnitzte Decke aus dem siebzehnten Jahrhundert wurde von Carlo Rosa, einem Meister aus Bitonto, vergoldet und bemalt und hat dank der kürzlichen Restaurierung ihren ursprünglichen Glanz wiedererlangt. Man kann ferner die Krypta besichtigen, wo die sterblichen Reste des Heiligen Nikolaus verwahrt

sind und ein reicher Schatz aufgehoben ist, der aus einer aussergewöhnlichen Sammlung an Silber- und Goldgegenständen, an Emailstücken, an Votivgaben und Mannaflaschen besteht, die aus den Spenden der Gläubigen im Laufe der Jahrhunderte angesammelt wurde und das Prestige des Heiligtums unter der Bevölkerung bezeugt; den Anfang dieser Sammlung bildeten einige Gegenstände französischer Manufaktur, die Karl II. Anjou am Ende des 13. Jahrhunderts der Basilika schenkte.

Ist die Basilika von S. Nicola wegen des Ruhmes ihres Schutzheiligen weltbekannt, so ist die **Kathedrale** der Stadt, die S.Sabino geweiht ist, nicht minder sehenswert. Anfang des 11. Jahrhunderts gab es in Bari eine der Heiligen Maria geweihte Kirche, die auch Sitz des Episkopates war; sie wurde 1034 abgerissen, um einem neuen Gebäude Platz zu machen, das der zuneh-

Bari, die sogenannte Cattedra di Elia in der Basilika von S. Nicola. Die Kirche entstand wo sich früher die Corte Catepanale (der Amtssitz aus byzantinischer Epoche) befand; sie stellt einen Meilenstein für die apulische Romanik dar, und gilt als Modell für alle größeren Kathedralen des Gebietes. Das Innere ist durch Säulen und Pfeiler verschiedenen Stils aufgeteilt, und durch quergelegte Bögen unterbrochen, die im 15. Jahrhundert aus statischen Gründen im Hauptschiff angebracht wurden. Die berühmte Holzverkleidung der Decke mit Gemälden von Carlo Rosa aus Bitonto (1661-62) ist kürzlich restauriert worden; im Chor kann man das Zyborium mit Baldachin und den Bischofsstuhl (Cattedra di Elia genannt) aus dem 12. Jahrhundert bewundern.

menden Bedeutung der Stadt angemessen sein sollte. Die heutige
Kirche ist jedoch das Ergebnis eines
späteren Wiederaufbaus, nachdem
der normannische König Wilhelm
der "Schlechte" Bari 1156 zerstört
hatte. Die Kirche wiederholt im
Wesentlichen das Modell von S.
Nicola, auch wenn im Laufe der Zeit
zahlreiche Eingriffe auf die ursprüngliche Struktur erfolgten und
im 18. Jahrhundert der Erzbischof
Muzio Gaeta den gesamten Bau im

*Bari, die Kathedrale. Sie enstand anstelle des
früheren Episkopates (wahrscheinlich aus
frühchristlicher Epoche) und zeigt sich heute in
der erneuerten Form, die etwa ein Jahrhundert
nach der vom Bischof von Byzanz angeordneten angelegt wurde (1034). Man kann
auch den Unterbau besichtigen, der Mosaik-
böden aus dem 6. bis 8. Jahrhundert ans Licht
gebracht hat, sowie die Krypta, wo die Spuren
aus dem 18. Jahrhundert noch erhalten sind,
die im übrigen Bau während der derzeitigen
Restaurierungsarbeiten entfernt wurden.
Das Kirchengerät aus dem Mittelalter ist im
Inneren wiederhergestellt worden, obwohl
vieles im Laufe der barocken Eingriffe Mitte
des 18. Jahrhunderts verloren gegangen ist.*

Barockstil verzieren ließ; zu Anfang unseres Jahrhunderts wurden schließlich Restaurierungsarbeiten eingeleitet, die sichbis in die 50er Jahre hinzogen und die ursprünglichen mittelalterlichen Formen wiederherstellten.

Das Problem der Historiker ist festzustellen, in welchem Maße das heutige Gebäude noch ursprüngliche Elemente enthält, da *Bari, die Fassade der Kathedrale. Bis zur Erweiterung der Stadt im 19. Jahrhundert stellte die Kathedrale den Mittelpunkt dar, mit S. Nicola und dem Schloß, später einen alternativen Anziehungspunkt für die gesamte Gemeinde. Obwohl sich hier der Sitz des Erzbischofs befand und die Kirche einen wichtigen Bezugspunkt für den Klerus der Diözese bildete, mit Ausnahme der Kirche von S. Nicola, die direkt vom Heiligen Stuhl abhing, hat sie im Laufe der Geschichte oft eine unbequeme und zum Teil untergeordnete Stellung angenommen, da je nach Regierungsgeschlecht S. Nicola im Wechsel mit ihr als königliche Kirche angesehen wurde.*

infolge der letzten Ausgrabungsarbeiten der Unterbau der Kirche freigegeben wurde: es handelt sich um einen großen, durch drei Schiffe aufgeteilten Raum, der etwa zwei Drittel der Länge des darüberliegenden Hauptschiffes mißt und dessen Kreuzgewölbe von quadratischen Pfeilern gestützt wird; man vermutet, es könnten die Reste der ursprünglichen, vor der Jahrtausendwende erbauten Kirche sein.

Die Bruchstücke einer Inschrift des Bodenmosaiks zitieren nämlich einen gewissen Bischof Andreas, der nach den Urkunden im 8. Jahrhundert gelebt haben soll, obwohl die stilistischen Merkmale des Mosaiks auf eine frühere Epoche hinweisen.

Im Innern der Kirche ist noch ein Teil des mittelalterlichen Kirchengerätes verwahrt, darunter ein Tabernakel aus dem dreizehnten Jahrhundert von Alfano da Termoli, die Einfassung des Chores und der Ambon; die Krypta stellt den einzigen Raum dar, der der Wut der "Wiederherstellung" entgangen ist und noch die Verkleidung aus farbigem Marmor zeigt, sowie Spuren antiker Fresken und ein Bild der verehrten Madonna Odegitria.

Um jedoch das Bauwerk in seiner ganzen Größe und Pracht zu erfassen ist es notwendig, es von außen zu umgehen; der Hof des Seminars bietet hierbei einen bevorzugten Aussichtspunkt (er ist entweder durch die hintere Außenseite, oder durch eine innere Seitentür in der Mitte des rechten Nebenschiffes zugänglich).

Obwohl Bari zwei Schutzheilige und zwei "Kathedralen" besitzt, so ist dieses Gebäude dennoch im-

stande, dank seines hohen Glockenturmes, dem einzigen in der
städtischen Silhouette, die eigene
Hauptrolle zu bestätigen.

Der Turm wurde in den 50er
Jahren neu errichtet und es gäbe
deren sogar zwei, wenn nicht der
eine infolge eines Erdbebens
zusammengestürzt wäre. An der
nördlichen Seite der Kathedrale
finden wir die sogenannte "trulla",
ein zylindrischer Gebäudeteil, der
vielleicht ursprünglich die Funktion
einer Taufkapelle erfüllte, später
jedoch in Sakristei verwandelt wurde. Das Diözesanische Museum ist
noch im Aufbau; es enthält zahlreiche Fundstücke aus den ver

schiedenen Lebensphasen der
Kirche, sowie Gerät aus anderen
Kirchen der Altstadt.

*Bari, die Kathedrale. Detail der Chorumfas-
sung, die entlang des Frieses die Unterschrift
des Künstlers trägt, der Meister Pellegrino
da Salerno. Die noch erhaltenen Platten und
Simse zeigen eine flache und kontinuierliche
Verzierung, die nach dem System der Aushöh-
lung erzielt wurde (dabei werden die Umrisse der Figuren direkt in den Marmor gemeißelt, also sozusagen aus dem Hintergrund "herausgeschnitten"); im Inneren
des geometrischen Leitmotifs aus Kreisen
und Quadraten sind Pflanzen, stilisierte
Tiere, ein Ritter mit Falke (im Bild) und
Spieler mit Schlägern abgebildet.*

Schließlich erreichen wir das **Schloß** (siehe S. 117), dessen nördliche Seite einst direkt am Meer gelegen war, und das unter normannischer Herrschaft über einen Teil der byzantinischen Siedlung errichtet wurde, wie aus den Ausgrabungen unter dem östlichen und nördlichen Flügel hervorgeht; dabei sind die Reste antiker Wohnhäuser, der Außenmauern einer Kirche, sowie Hausgeräte und Gräber ans Licht gekommen. Seine Stellung am Rande der Stadt und neben einem der städtischen Tore bestätigt seine Funktion zu Verteidigungs- und Kontrollzwecken in Verbindung mit den anderen Verteidigungsstützpunkten entlang der mittelalterlichen Mauern, wie das Fortino (ursprünglich ein Sichtungsturm nach Osten) und die Bollwerke "del Vento", S. Scolastica und S. Domenico.

Bari, Aussicht auf die Altstadt, aus welcher der wuchtige Bau des Schlosses heraussticht. Die Aussicht gestattet einen Ausblick auf das dichte Raster der Altstadt, wo sich die wichtigsten Punkte der Stadt herausheben (das Schloß, die Kathedrale, S. Nicola). Unten ist der deutliche Einschnitt zum neuen Stadtteil aus dem 19. Jahrhundert erkennbar.

Die Straße S.S.100 in Richtung Tarent führt uns nun wieder ins Landesinnere, nach **Gioia del Colle**, eine Stadt, die sich zwischen dem 6. und 3. Jahrhundert vor Christi Geburt gleichzeitig mit den anderen apulischen Zentren von Monte Sannace und Santo Mola entwickelte und zum ersten Mal in mittelalterlicher Epoche im Jahr 1085 in einer Urkunde zitiert wird.

In der Altstadt befindet sich das **Schloß** (siehe S. 132), das vom Bruder Robert Guiskards gegründet wurde und von Roger II. und später von Friedrich II. ausgebaut wurde; letzterem sind wahrscheinlich die hohen, mit einem typischen kästchenartigen Bossenwerk verkleideten Türme zu verdanken.

Gioia del Colle, das Schloß. Es imponiert durch die zwei hohen Türme seitlich der südlichen Fassade und ist durch eine typische Bossenwerkverkleidung aus rotem Stein gekennzeichnet. Trotz der phantasievollen Restaurierungsarbeiten aus unserm Jahrhundert ist doch der ursprüngliche Zauber besonders im Hof und im sogenannten Thronsaal erhalten geblieben.

Über die S.S.171 erreicht man **Altamura**, deren Gründung von Friedrich II. veranlaßt wurde, oder zumindest deren Neubesiedlung, die zwischen 1232 und 1243 stattfand.

Dem Kaiser ist die Errichtung der **Kathedrale** zu verdanken, eine der vier palatinischen Kirchen Apuliens, die vom Erdbeben des Jahres 1316 schwer beschädigt und später neu errichtet und umgebaut wurde (siehe S. 173).

Altamura besaß auch ein **Schloß**, worüber aber nur wenige und ungewisse Angaben zur Verfügung stehen; man kann seine ursprüngliche Stellung in der Stadt dank einem noch gebräuchlichen Ortsnamen, sowie mit Hilfe eines alten Stadtplanes aus dem 18. Jahrhundert, der im Archiv der städtischen Bibliothek verwahrt ist,

nachvollziehen. Diese Urkunde beweist die typisch friederizianische Anlage des Baues mit viereckigem Grundriß und vier Ecktürmen und deutet auf ein Bestehen des Bauwerks bis in jüngere Zeiten hin.

Altamura, die Kathedrale. Die Stadt gehört zu den Neugründungen von Friedrich II., und die Kathedrale stellt eine der bedeutendsten Dementi der bösen Zungen dar, die den Kaiser als geistlichen Gebäuden gegenüber abgeneigt sehen; vom ursprünglichen Gebäude ist nicht viel übrig, da im Laufe der Geschichte zahlreiche Eingriffe erfolgten. Auch die seitlichen Glockentürme, die der Kirche einen "transalpinen" Charakter verleihen, sind der Umstrukturierung aus dem 16. Jahrhundert zu verdanken, der auch die Löwen an der Seite des Portals zugeschrieben werden (rechts).

Mit **Brindisi** kehren wir erneut zur Küste zurück; diese Stadt wurde von den Messapiern gegründet, stellte in römischer Zeit die Endstation der Via Appia dar und wurde seit jeher als ein Tor zum Orient angesehen, vor allem im Laufe des Mittelalters, als sich die Pilger und Kreuzritter aus dem gesamten christlichen Abendland von diesem Hafen aus einschifften. Abgesehen von den unvermeidlichen Entstellungen, die die städtische Anlage im Laufe der Jahrhunderte erlitten hat, haben sich in der Stadt noch zahlreiche Bauten erhalten, die ihre ruhmreiche Vergangenheit bezeugen. Zu diesen zählt das **Castello Svevo** (siehe S. 131, das staufische Schloß), das Friedrich II. 1227 errichten ließ und aus einer quadratischen Festung mit Ecktürmen besteht; ferner das **Castello Alfonsino** (auch Castel Rosso genannt) aus dem fünfzehnten Jahrhundert, das Alfons von Aragonien auf der Insel von S. Andrea erbauen ließ. Der romanische **Dom** wurde im achtzehn-ten Jahrhundert erbaut; rings um den Hauptaltar sind jedoch noch Bruchstücke des ursprünglichen Musivbodens erhalten, der dem gleichen Priester Pantaleone zugeschrieben wird, welcher 1165 in Zusammenhang mit dem prächtigen Bodenmosaik der Kathedrale von Otranto erwähnt wird. Auch der **Tempio di S. Giovanni Sepolcro** geht auf das Mittelalter zurück und stellt eines der ersten Zeugnisse der Anwesenheit der Ritterorden des Heiligen Landes in Unteritalien dar: die Kirche wurde vermutlich um die Wende zwischen 11. und 12. Jahrhundert nach einem typischen frühchristlichen ikonographischen Muster mit rundem Grundriß errichtet, der längs der Ostseite von einer geraden Seitenwand geschnitten wird, in welcher sich eine große Nische zwischen zwei kleinen Apsiden öffnet; der Innenraum wird durch einen Säulenring aufgeteilt, wobei die Säulen mit Bögen verbunden sind und genausovielen Halbsäulen entlang der Außenmauern

Nächste Seite:
Brindisi, die Fassade des Domes. Romanischen Ursprungs, wurde er 1746 im Barockstil neuerrichtet; nur spärliche Reste der früheren Kirche sind erhalten (die äußere Apsis), nachdem sie 1743 durch ein Erdbeben zerstört wurde; hier wurde 1225 die Hochzeit zwischen Friedrich II. und Jolande von Brienne gefeiert.
Diese Seite:
Brindisi, der Tempel von S. Giovanni al Sepolcro. Das Gebäude wird den Tempelrittern zugeschrieben, die es über eine vorbestehende Kirche aus frühchristlicher Zeit errichtet haben sollen. Bemerkenswert ist das Portal mit seiner Bogenleiste und Reliefverzierungen und der Einrahmung durch eine giebelige Vorhalle auf Säulen mit Löwen.

entsprechen; die Decke, heute dachförmig, aber in Vergangenheit wohl mit einer Kuppel versehen, stützt sich auf eine kreisförmige Außenmauer mit Fenstern. Infolge kürzlich erfolgter archeologischer Probegrabungen entlang der Aussenmauern der Kirche hat sich die Hypothese ergeben, daß das mittelalterliche Gebäude auf vorbestehenden Mauern aus römischer Epoche gegründet sei und diese zum Teil, wenn nicht gänzlich, entlang des kreisförmigen Verlaufes ausgenutzt habe. Wenige Kilometer von der Stadt entfernt in Richtung S. Vito ist die **Kirche von S. Maria del Casale** zu besichtigen, die in angiovinischer Zeit von Philipp Prinz von Tarent errichtet wurde: kennzeichnend sind die Dichromie der Außenwandbekleidung und die elegante Fassade mit Satteldach, die mit blinden Bögen geschmückt ist und in der Mitte mit einer hängenden Vorhalle versehen ist.

Das Innere ist fast gänzlich mit Fresken verziert und zeigt eine beachtliche Darstellung des Jüngsten Gerichtes an der Innenwand der Fassade, ein Werk von Rinaldo da Taranto, das zu Anfang des vierzehnten Jahrhunderts datiert wird.

Fährt man nun die Via Appia in Richtung Latiano entlang, so erreicht man **Oria**, eine Stadt messapischen Ursprungs und wichtiges römisches Munizipium in späterer Zeit; an Stelle der messapischen Akropolis wurde im Mittelalter ein staufisches Schloß errichtet (siehe S.141), das erst in späterer Zeit vollendet wurde, und in dessen Hof sich die **Krypta der SS. Crisante und Daria** befindet; hier handelt es sich vielleicht um den Unterbau einer Kathedrale aus dem 11. Jahrhundert in Form einer kleinen Basilika mit drei freskengeschmückten Schiffen. In der malerischen Altstadt, die sich über die Hänge von drei Hügeln erstreckt, sind entlang der verwinkelten Gassen und kleinen Plätze zahlreiche bezaubernde Ecken zu finden; man vergesse nicht, die nach einem Erdbeben im achtzehnten Jahrhundert neu erbaute **Kathedrale** und den im Barock ausgebauten **Palazzo Vescovile** (Bischofspalast) aus der Renaissance aufzusuchen.

Oria, Aussicht auf die Stadt und das Schloß. Der mächtige und beeindruckende dreieckige Bau erhebt sich auf dem Hügel der messapischen Akropolis.

2.2 *Die Schlösser und Befestigungs-anlagen*

• **Bari**

Es ist bekannt, daß Roger II., König von Sizilien, kurz nach 1130 in Bari ein Schloß errichten ließ; das Gebäude wurde im Jahr 1137 vom Kaiser Lothar II. belagert, eingenommen und zerstört und von Roger selbst etwa drei Jahre später wieder neu aufgebaut. 1156 erlitt das neue Bauwerk infolge der Zerstörung der Stadt durch Wilhelm dem Schlechten beachtliche Schäden; das von Friedrich II. von Hohenstaufen um 1233 wieder instandgesetzte Schloß war also eine frühere normannische Burg, die wohl heute mit der inneren viereckigen Umfassungsmauer identifiziert werden kann, die mit Eck- und Zwischentürmen versehen ist, deren polygonale Sockel an der Süd- und Westseite noch erkenntlich sind. Es ist schwierig, den friederizianischen Eingriff nachzuvollziehen, mit Gewißheit kann man jedoch sagen, daß das sichelförmige Portal mit ausgemeißelter Bogenleiste, sowie das von einem Kreuzgewölbe mit gemeißelten Kapitellen und Kragen überdachte Vestibulum und der Laubengang des Innenhofes staufischer Ausführung sind.

Das Schloß von Bari.
Grundriß: Der ursprüngliche Kern ist dem späteren Ausbau aus dem 16. Jahrhundert gegenüber hervorgehoben.

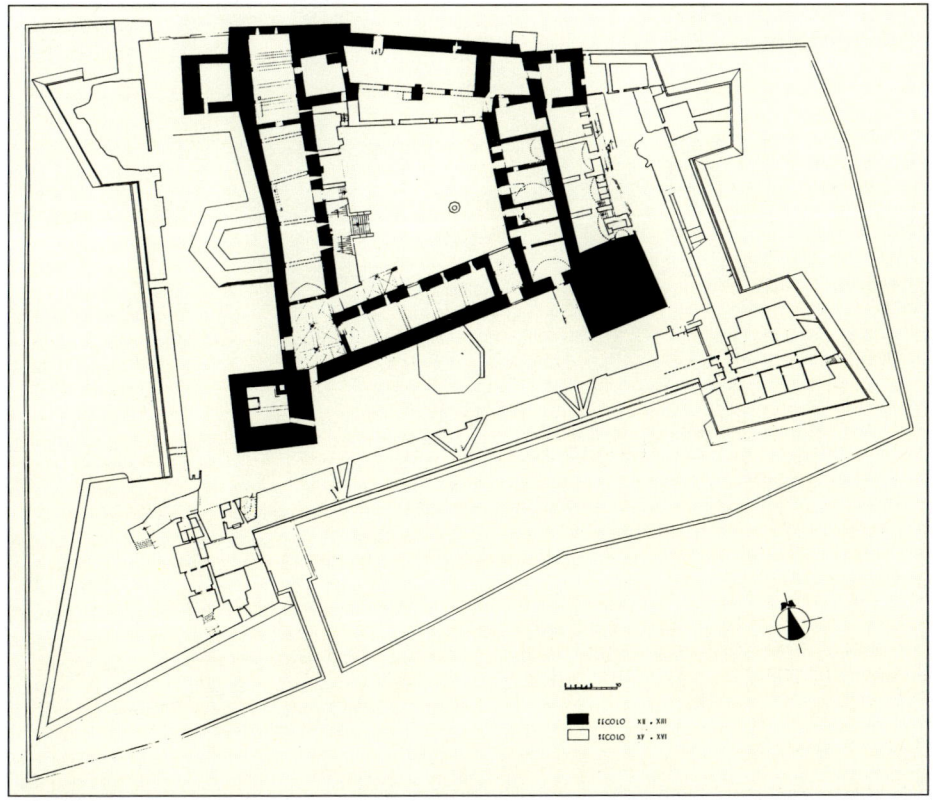

SECOLO XII - XIII
SECOLO XV - XVI

Schloß von Bari: Ansicht des östlichen Saales des Obergeschosses und, links, Detail eines der Kapitelle aus friederizianischer Epoche, das die Inschrift Melis de Stelliano me fecit *führt, und mit Blattwerk und symmetrisch angelegten Vogelfiguren verziert ist.*

Die kargen friederizianischen Spuren sind jedoch noch eindrucksvoll genug, um einmal mehr hervorzuheben, wie jeder Eingriff darauf gezielt war, durch die Feierlichkeit der darstellenden Kunst die kaiserliche Macht zu symbolisieren. Man denke an die Bogenleiste des zum Innenhof führenden Tores, wo ein Adler abgebildet ist, der einen Hasen greift (wie auf den Giebelfeldern der Fenster von Barletta), oder an den Kragstein des inneren Festungstores, auf welchem zehn Soldatenköpfe mit Helmen in der Art der römischen Legionäre dargestellt sind.

In angiovinischer Epoche wurde der Flügel, der in Richtung des Meeres liegt, restauriert und im Inneren ein Palast mit Wohnräumen und eine Kapelle erbaut; aufgrund der weitgehenden Umstellungen, die Bona Sforza im Laufe des sechzehnten Jahrhunderts anordnete, und die den gesamten Nordflügel des Schlosses betrafen, ist aus dieser Zeit nicht mehr viel übrig; es ist vielleicht möglich, im heutigen Konferenzsaal (rechter Saal im ersten Stock) einen Teil des *palatium cum cameris*, den Karl I. erbauen ließ, zu erkennen.

Detail der friederizianischen Bogenleiste, die mit Blattwerk und anderen plastischen Motiven verziert ist; in der Mitte thronte der kaiserliche Adler der zwischen den Klauen eine Beute greift.

Über die mittelalterliche Bauphase hinaus sind die aragonischen Eingriffe erkennbar, die das Schloß mit einer verschanzten Mauerumfassung an drei Seiten (zum Land hin) ausstatteten, die die vorbestehenden Gebäude miteinfaßte. Der gegenwärtige Eingang im südöstlichen Bollwerk stammt aus der Zeit der Borbonen, wie aus dem Wappenschild über dem Bogen ersichtlich ist. Nach einer langen Periode des Zerfalls, in der das Schloß gelegentlich auch als Gefängnis und Kaserne diente, ist es heute

Sitz der Sovrintendenza ai Beni Architettonici, Ambientali, Artistici e Storici della Puglia (Apulische Ober-

Teilansicht des Hofes durch die Reste der friederizianischen Laube. Die Meister, die den Laubengang und die Kapitelle verzierten, arbeiteten in der apulischen Tradition der Romanik, die damals gleichzeitig mit der neuen Bewegung gotischen Ursprungs weiterlebte. Die eingemeißelten Unterschriften auf den Kapitellen (Minerrus de Canusia, Melis de Stelliano und Ismahel) weisen auf einheimische Künstler hin.

Ansicht der Gipsfigurensammlung. Die Sammlung der Gipsabdrücke, hier nur zum Teil ausgestellt, bezieht einige der interessantesten Beispiele der apulischen Plastik zwischen dem 11. und 17. Jahrhundert mit ein, und stammt aus den wichtigsten Gotteshäusern der Region.

intendantur für Denkmäler, Umwelt, Kunst und Geschichte) und kann nur zum Teil besichtigt werden; der heutzutage benutzte Eingang führt in die Zone zwischen dem Bollwerk aus dem sechzehnten Jahrhundert und dem normannisch-staufischen Zwischenwall, wo nach den letzten Restaurierungsarbeiten das friederizianische Portal erneut zu sehen ist, das im Bogenscheitel das kaiserliche Adlerwappen zeigt und ins Vestibül führt; dieses ist in Schiffe aufgeteilt, deren Gewölbe von Kragarmen und Säulen mit blattwerkgeschmückten Kapitellen getragen wird, die von den Bild-

hauern Mele da Stigliano und Finarro da Canosa signiert sind. Der darauffolgende Durchgang führt in einen großen Hof aus dem sechzehnten Jahrhundert, der die Reste des friederizianischen Laubengangs enthält, sowie eine zweigeteilte Freitreppe, die über eine vorbestehende angelegt ist (deren Reste im Laufe der Restaurierungsarbeiten ans Licht gekommen sind) und die kürzlich restaurierte Kapelle von S. Stanislao. Man vergesse nicht die Gipsfigurensammlung zu besichtigen, die sich in einigen Sälen des Erdgeschosses befindet, worin ein kleiner Teil der über 200 Gipsabdrücke aufbewahrt ist, die die wichtigsten Kunstwerke der apulischen Bildhauerei vom 11. bis zum 17. Jahrhundert reproduzieren. Die Abdrücke wurden zwischen den Jahren 1899 und 1911 für die Ausstellungen von Turin, Paris und Rom angefertigt.

- **Barletta**

Das Schloß von Barletta, das wahrscheinlich in normannischer Epoche erbaut wurde, wird zum ersten Mal in einer Urkunde des Jahres 1202 erwähnt. Der friederizianische Eingriff zeigt sich im Gebäude an der Südseite, auf dessen zwei Fenstern im Bogenfeld der kaiserliche Adler, der einen Hasen greift, gemeißelt ist, ein wiederkehrendes Muster im staufischen ikonographischen Repertoire.

Es gibt stattdessen zahlreiche Bezeugungen der Eingriffe aus angiovinischer Zeit: die von Karl I. im Jahr 1269 angeordneten Bauarbeiten, an welchen sich der königliche Archtiekt Pierre D'Angicourt beteiligte, zogen sich über mehrere Jahre bis 1291 hin. Bei dieser Gelegenheit wurden das königliche Hofsgebäude und der Palast renoviert, eine Kapelle wurde errichtet und die Anlage wurde durch eine Schutzmauer mit einem runden Eckturm weiter befestigt. Unter den Aragonern wurden erneute Bauarbeiten zwischen 1458 und 1481 durchgeführt, wobei die Befestigungsmauer verstärkt wurde; unter Karl V. erlangte das Schloß seine symmetrische Gestaltung mit vier lanzenförmigen Eckbollwerken und radial angelegten Schießscharten entlang der Schutzwälle, wodurch es den damaligen Befestigungsregeln angepaßt erschien. Der Entwurf wird dem Militäringenieur Evangelista Menga zugeschrieben, dessen Name auch mit dem Schloß von Copertino in Verbindung gebracht wird. Die Seite zur Stadt hin, die möglichen Angriffen leichter ausgesetzt schien, wurde weiter befestigt, andere Eingriffe erfolgten an der

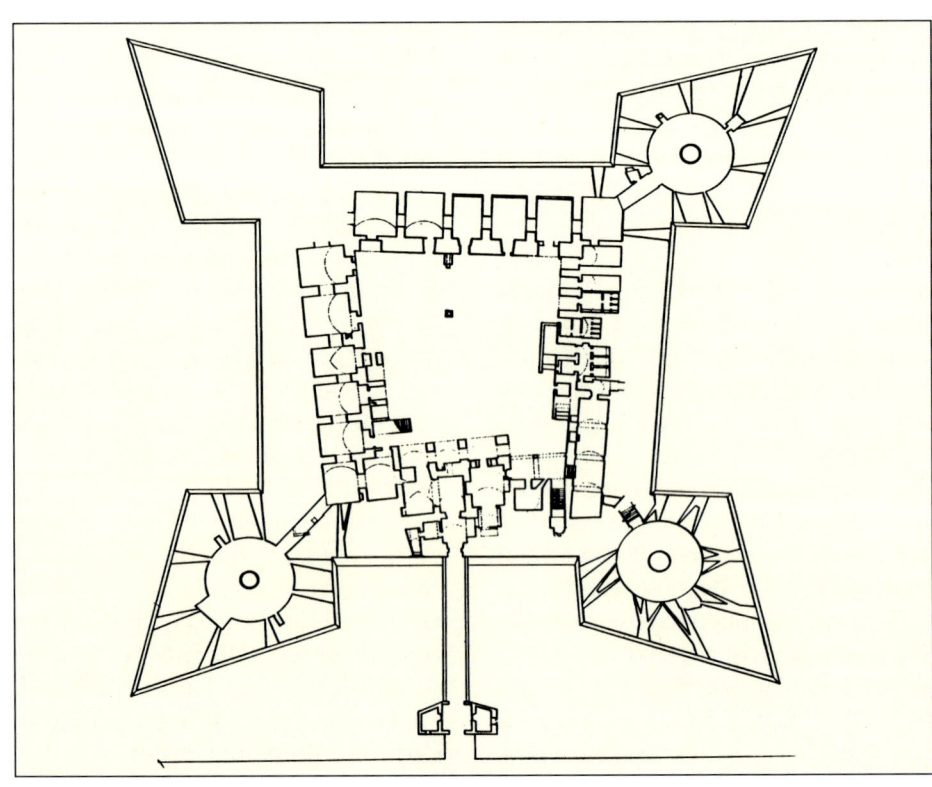

Ostseite, an der südöstlichen Ecke und entlang des Schutzwalls. Auf diese Bauphase bezieht sich der Gedenkstein über dem Schloßeingang, der unter dem Wappen Karls V. angebracht ist und das Datum des Jahres 1537 führt, das irrtümlicherweise mit der Beendigung der Bauarbeiten in Zusammenhang gebracht wurde, obwohl die Ausmaße des Schlosses gewiß keine so kurze Bauzeit gestatten konnten. Zwischen 1552 und 1559 konzentrierten sich die Bauarbeiten auf die Befestigungsanlagen mit der Vollendung des 'Bastione dell'Annunziata', der Errichtung der Bollwerke von S. Antonio an der nordöstlichen, von S. Vincenzo an der südöstlichen und von S. Maria an der südwestlichen Seite, sowie mit der Einrichtung einer Zugbrücke am Schloßeingang.

Weitere Eingriffe erfolgten im Laufe der Jahrhunderte bis hin zu den kürzlichen Restaurierungarbeiten, die 1970 begonnen wurden und erst vor kurzem abgeschlossen worden sind, und die eine komplizierte Aufgabe auf sich nehmen mußten, da das

Links: Das Schloß von Barletta.
Grundriß: obwohl das Schloß im 16. Jahrhundert stark umgeändert wurde, ist im Kern die quadratische Anlage aus normannisch-staufischer Epoche noch ersichtlich. Der beeindruckende quadratische Hof, wo heute zahlreiche Veranstaltungen stattfinden, gibt Zugang zum Glacis und zu den Eckbollwerken.
Auf dieser Seite: *Detail eines Hoffensters mit Adler: wie im Falle der Bogenleiste von Foggia oder von Bari, wiederholt sich auch hier das kaiserliche Wahrzeichen, das mit geweiteten Flügeln dargestellt wird und oft eine Beute in den Krallen hält.*
Auf den folgenden Seiten: *Gesamtansicht, der Hof, der Kongreßsaal, der Eingang.*

Gebäude unter anderem in Vergangenheit als Militärgefängnis diente. Das Ergebnis dieser Arbeiten bietet nun die Möglichkeit zu neuen Nutzformen des Schlosses, zum Beispiel als Kulturzentrum oder als öffentliche Empfangsanlage für feierliche Anlässe, trotz der auftauchenden Schwierigkeit, die zur Verfügung stehenden Räumlichkeiten den geplanten Zielen anzupassen. Man hat sich jetzt entschieden, ein *lapidarium* einzurichten, ferner eine permanente Ausstellung von Waffen und antiken Handwerksgegenständen, einen Raum für vorübergehende Kunstausstellungen, einen Saal für Tagungen mit der entsprechenden Ausstattung, einen Empfangssaal der Gemeinde, eine Ausstellung bedeutender Gemälde des Städtischen Museums, das Büro der lokalen Kurverwaltung und schließlich die Gemeindebibliothek.

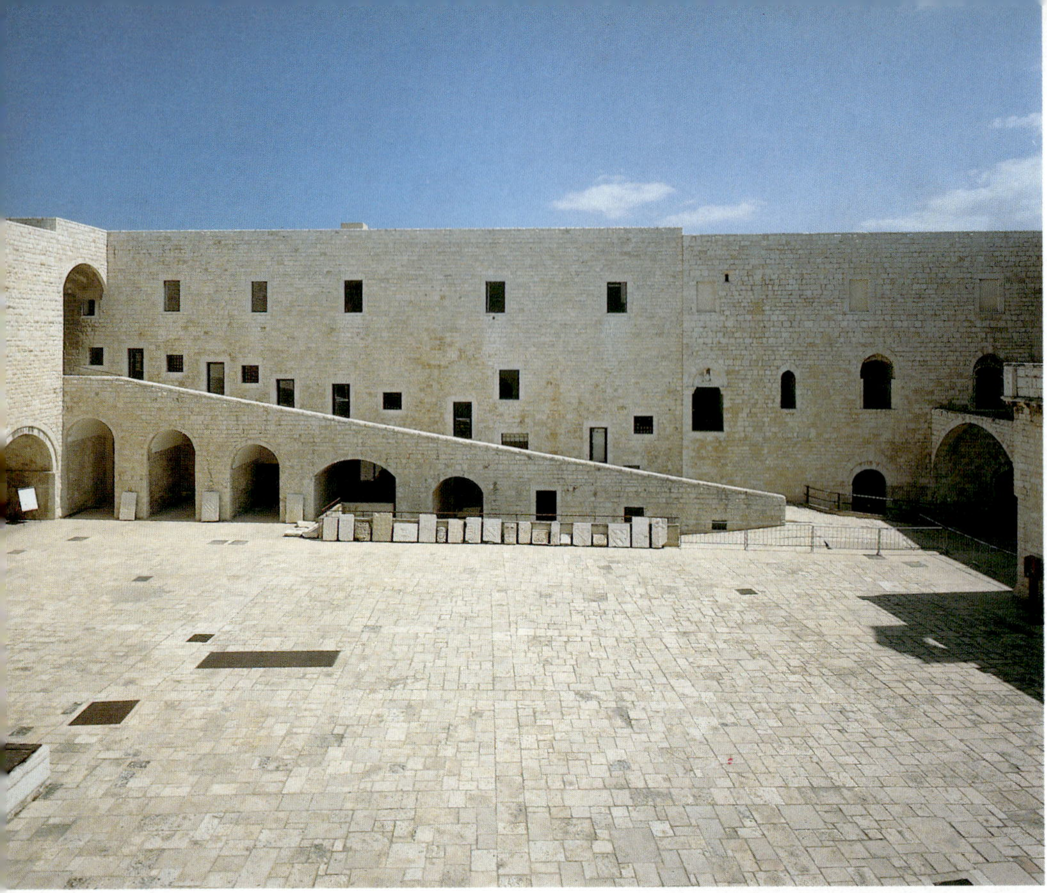

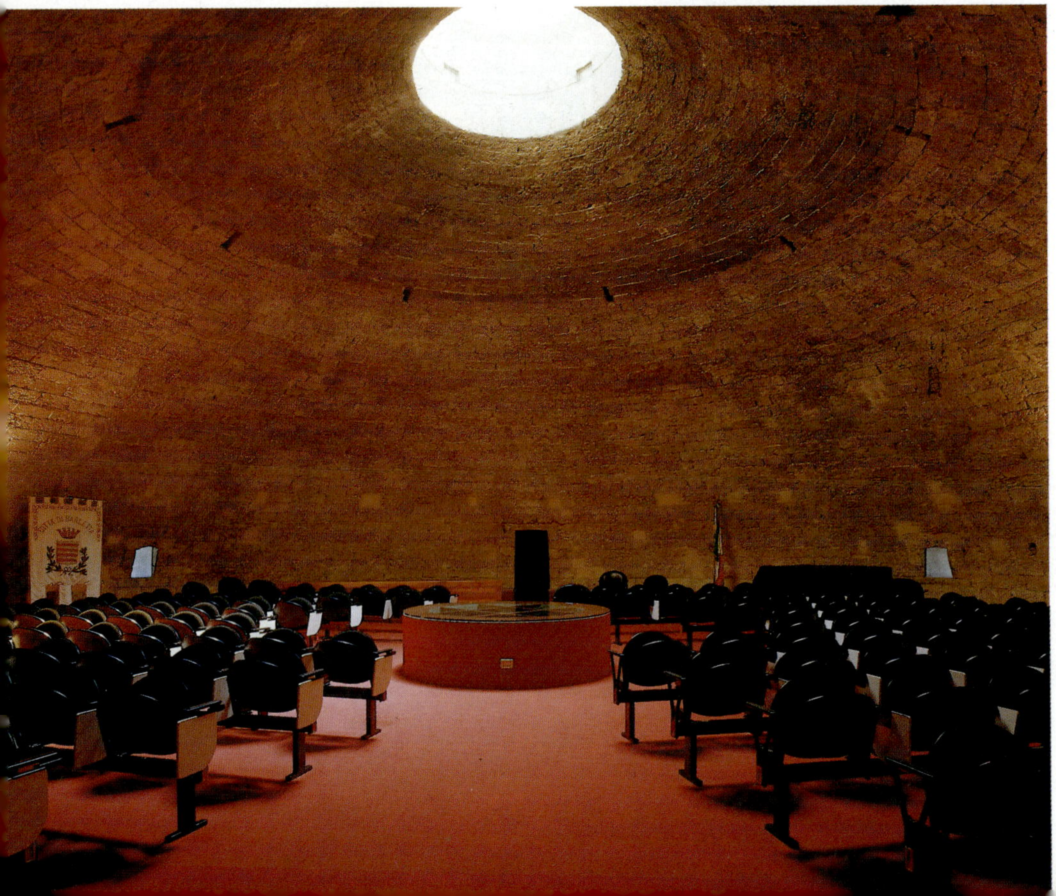

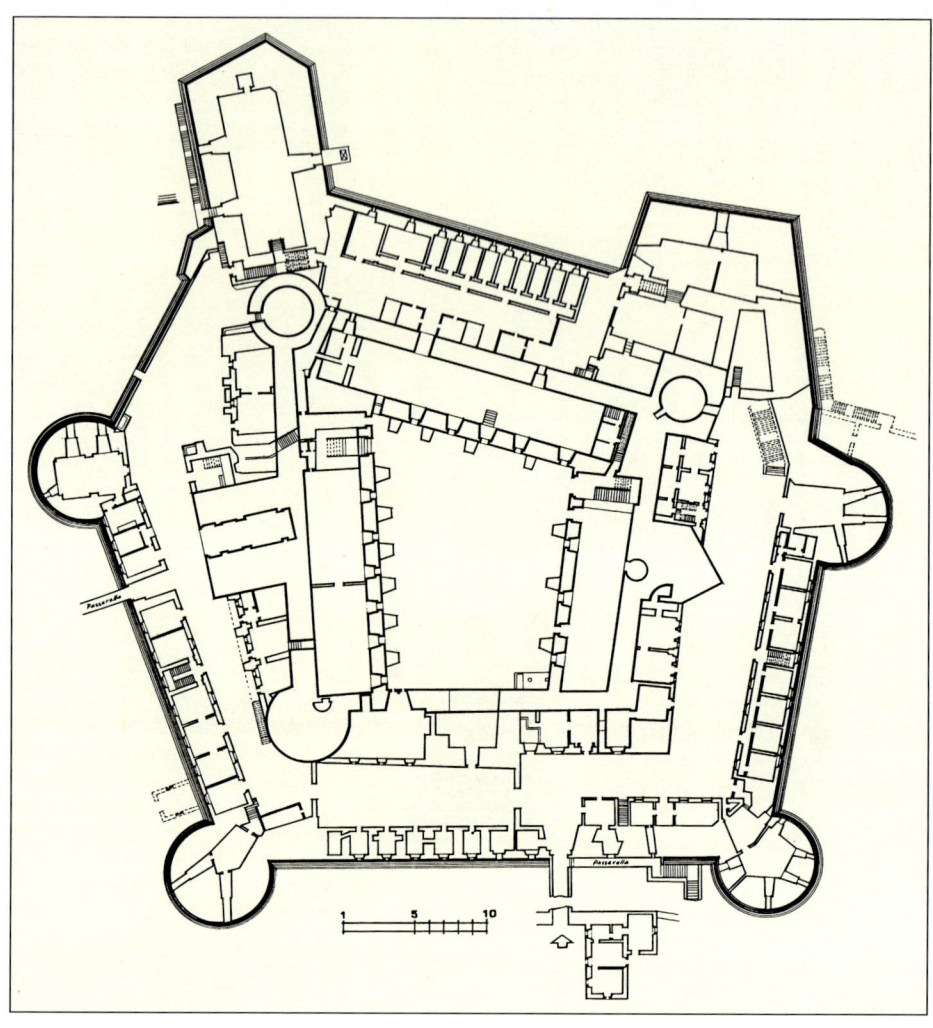

Das Schloß von Brindisi.
Grundriß: auch in diesem Fall wurde der staufische Kern aus dem Jahr 1227 in den arago-
nischen Ausbau miteinbezogen; die quadratische Anlage mit Ecktürmen ist erkennbar.

Rechts:
Gesamtansicht: der Eingriff durch Ferdinand I. von Aragonien (1481) und die spätere
Erweiterung durch Karl V. (1550) hat dem Schloß sein heutiges Aussehen verliehen.

• Brindisi

Auch dieses Schloß zeigt die Spuren zweier getrennter Bauphasen: auf der einen Seite der Schloßkern mit trapezförmigem Grundriß, der 1227 von Friedrich II.errichtet und unter den Anjous restauriert wurde, auf der anderen der aragonische Anbau, den Ferdinand I. als riesige Schutzwehr mit vier zylinderförmigen Ecktürmen anlegen ließ, die auch den staufischen Bau miteinbezog.

Das friederizianische Schloß bestand aus einem viereckigen Gebäude mit Ecktürmen und einem Graben entlang der landwärtsgerichteten Seiten; in der Überlieferung wird erzählt, der Kaiser habe hier mit seiner zweiten Frau Jolande von Brienne in den kaiserlichen Räumen gewohnt, die vom großen Hof aus durch ein Tor zugänglich sind, über welchem eine Statue des Kaisers angebracht ist. Heute ist das Schloß Sitz des Militärkommandos der Marine.

• **Gioia del Colle**

Das Schloß wurde von Riccardo Siniscalco, Bruder des Robert Guiskards, über ein vorbestehendes byzantinisches Gebäude errichtet, von Roger II. erweitert und von Friedrich II. um 1230 nach seiner Rückkehr vom sechsten Kreuzzug neu aufgebaut. Dem staufischen Kaiser ist die neue Gliederung der Anlage und ihre Einbeziehung in das Verteidigungsschema des Reiches zu verdanken. Es folgten später kleinere Veränderungen durch die Anjous und die Aragoner; das Gebäude unterlag dann einem allmählichen Verfall, der auch durch die verminderte militärische Bedeutung bedingt war und zu einer unpassenden Nutzung der Anlage führte, bis schließlich die inneren Räumlichkeiten in kleine Wohnungen aufgeteilt wurden. Anfang dieses Jahrhunderts versuchte man durch Restaurierungsarbeiten diese Schäden wiedergutzumachen; dank diesen und späteren Eingriffen ist nun das ursprüngliche Bild der vergangen Glanzzeit fast gänzlich wiederhergestellt. Die Anlegung des Hofes und der umliegenden Gebäude wird auf die staufische Epoche zurückgeführt; aus dieser Zeit stammt auch der Turm der Kaiserin, der vom Volk so benannt wurde, weil darin der

Das Schloß von Gioia del Colle.
Grundriß: die leicht trapezförmige Anlage mißt entlang der längeren Seite 49 Meter; die zwei beeindruckenden Türme (rechts)*, die die Südseite einfassen, sind 24 Meter hoch, also das Doppelte des Walles.*

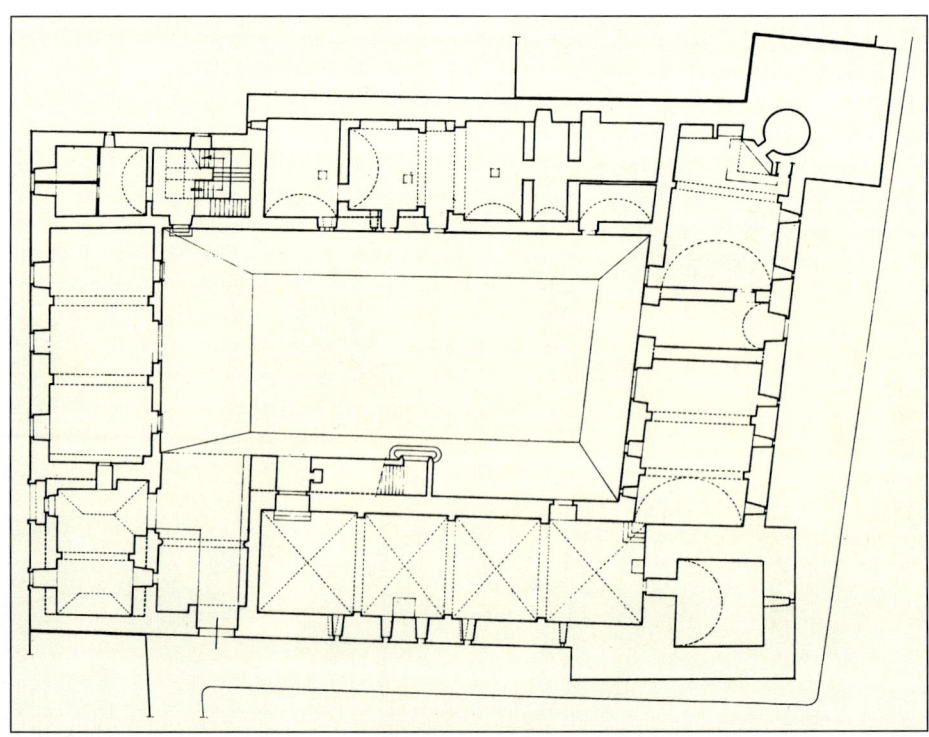

Kaiser angeblich seine Geliebte Bianca Lancia eingesperrt haben soll, die er der Untreue verdächtigte; hier soll die Frau auch seinen Sohn und Nachfolger Manfred geboren haben. Das Schloß hat einen viereckigen Grundriß und zwei mächtige Türme an der Südseite, und ist durch eine Ummauerung mit großen Rustikaquadern gekennzeichnet, die vielzählige Fenster, Rundfenster und Schießscharten aus verschiedenen Epochen aufweist; durch den Haupteingang und das angrenzende innere Festungstor erreicht man den großen trapezförmigen Innenhof, wo die Spuren der Restaurierungsarbeiten an den mittelalterlichen gotischen Fenstern und an der prunkvollen Treppe zum Obergeschoß ersichtlich sind, so wie auch die Kamine und die Einrichtung des eindrucksvollen Thronsaales aus dem Mittelalter stammen. Heute enthält das Schloß wertvolle archeologische Fundstücke aus den umliegenden Ausgrabungsstätten und ist auch Sitz der Städtischen Bibliothek.

Das Schloß von Gioia del Colle: der Hof. Trotz der teilweise phantasievollen Restaurierungseingriffe, die am Anfang unseres Jahrhunderts ausgeführt wurden, ist der Hof noch sehr malerisch, dank der Fenster (darunter ein sehr schönes dreibogiges Fenster mit spitzem Bogen, das von Säulen mit Bogenleiste eingerahmt wird) und dem prunkvollen Eingangssaal zu den oberen Räumlichkeiten; der Hof wird durch eine Vorhalle im westlichen Gebäudeflügel betreten, wo zwei große, mit Blattwerk geschmückte Kapitelle erhalten sind, die allgemein Mele da Stigliano und Finarro da Canosa zugeschrieben werden, die Bildhauer des Laubenganges im Schloß von Bari.

Schloß von Gioia del Colle: Teilansichten der Treppe zum Obergeschoß, eines Kamines und des Thrones aus dem gleichnamigen Saal. Nach der Restaurierung sind im Schloß vier Säle zu sehen entlang der vier Gebäudeseiten, sowie kleinere Räume in den Türmen mit Innentreppen. Der steinerne Thron im sogenannten Sala del trono *ist einer phantasievollen Rekonstruktion aus dem Jahr 1909 zu verdanken.*

• **Monte S. Angelo**

ImNordwesten der heutigen Ortschaft gelegen, stellt das Schloß von Monte S. Angelo das Ergebnis einer tausendjährigen Geschichte dar, wobei es viele Male zerstört, wiederaufgebaut und renoviert wurde. Der ursprüngliche Kern, der aus dem fünfeckigen Turm ('Turm der Riesen' benannt) besteht, wird auf die Normannen zurückgeführt, die angeblich erst unter Rainulf, Graf von Aversa, und später unter Robert Guiskard ein befestigtes Gebäude angelegt haben sollen, das auf einer vorbestehenden langobardischen Verteidigungsanlage gründete; zur Zeit Friedrichs II. wurden anscheinend größere Eingriffe ausgeführt, wie vom "*Statutum de reparatione castrorum*" bezeugt wird, und später unter den Anjous Anbauten errichtet; ferner diente es zeitweilig auch als Gefängnis. Nach der Tradition soll der staufische Kaiser hier einige Jahre mit Bianca Lancia verbracht haben, und hier sollen auch seine Söhne Heinz und Manfred geboren sein. Der entscheidende Ausbau soll unter den Aragonern erfolgt sein, so wie auch die gesamte Neugliederung des Baues, der dem neuen Zeitstil und den veränderten Verteidigungserfordernissen angepaßt wurde; aus dieser Zeit stammt der kielförmige Wartturm an der Stirnseite, auf welchem das Datum des Jahres 1493 verzeichnet ist.

Schloß von Monte S. Angelo.
Grundriß: Zerstört, wiederaufgebaut, umgebaut, im Laufe einer tausendjährigen Geschichte ist das Schloß oft in seiner Form und seiner Funktion verändert worden. Seit einigen Jahren sind Ausgrabungen im Gange, die versuchen werden, die verschiedenen Phasen der Eroberungen und Eingriffe zu klären, insbesondere was die ursprüngliche langobardische und normannische Verteidigungsanlage betrifft, sowie die Anbauten aus Friedrichs Zeiten.

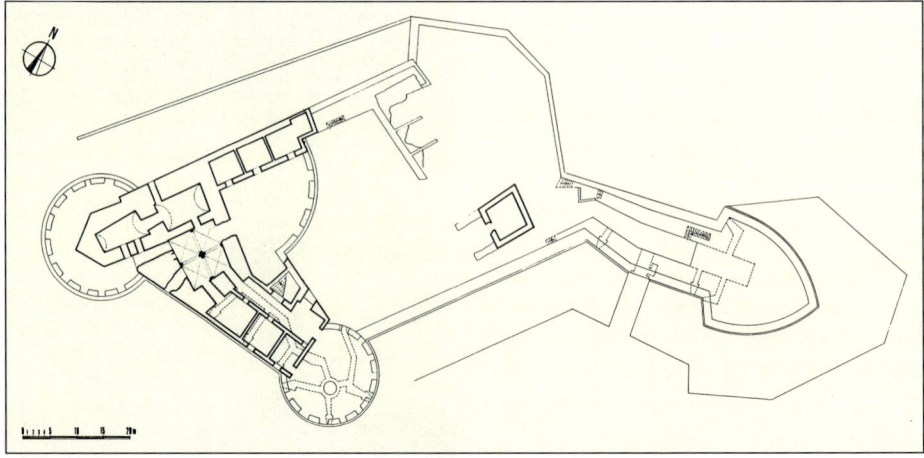

Nächste Seite:
Einige Teilansichten des Schlosses

Rechts unten:
Der gegenwärtige Zugang zum Schloß befindet sich an der Südmauer entlang der Längsseite, die mit dem mandelförmigen Bollwerk endet und auf die Stadt ausgerichtet ist; aufgrund seiner Merkmale wird diese Festung dem Architekten Francesco di Giorgio Martini aus Siena zugeschrieben.

Unten:
Der sogenannte "Turm der Riesen" (Torre dei Giganti): der fünfeckige Turm erhebt sich an der Westseite und wurde von Robert Guiskard im 11. Jahrhundert zugleich mit der Stadtmauer errichtet; heute ragt der Turm aus einem der zwei zylinderförmigen Türme heraus, die auf Ferdinand I. von Aragonien zurückgeführt werden.

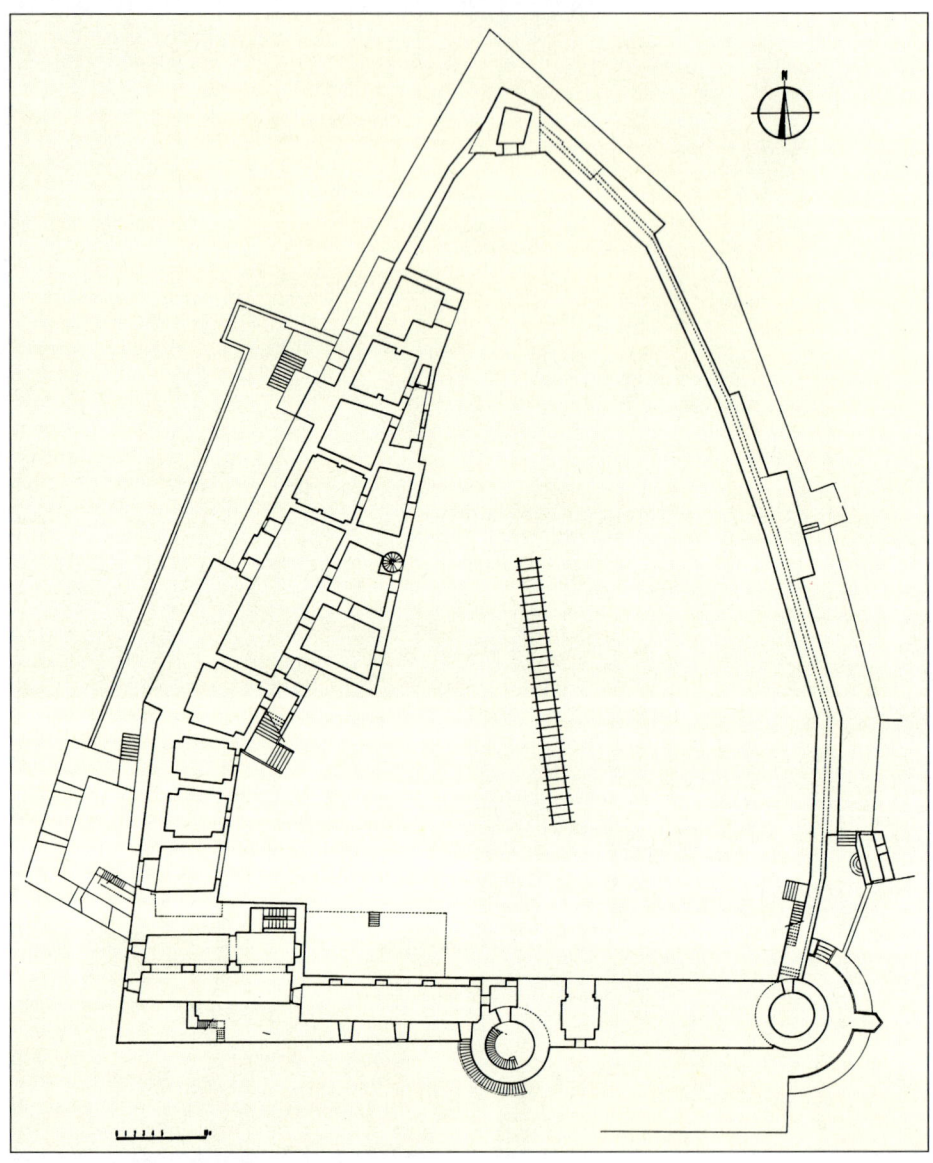

Das Schloß von Oria.
Grundriß: der beeindruckende und malerische dreieckige Bau enthält am südwestlichen Rand den massiven quadratischen Turm, der aus staufischer Zeit stammt, in dessen Nähe sich der ursprüngliche Eingang befand, der durch eine Brustwehr geschützt war.

• Oria

Das Schloß von Oria erinnert eher an eine befestigte Einfriedungsmauer, die sich dem Verlauf des darunterliegenden Hügels anpaßt, der die Dreiecksform bedingt. Der ältere Kern ist im massiven viereckigen Wartturm an der Südwestseite erkennbar, der in Form eines *donjon* erbaut ist und wahrscheinlich der staufischen Bauphase zugeschrieben werden kann (etwa zwischen 1227 und 1233), obwohl die Anzeichen späterer Eingriffe und Verteidigungstechniken aus der Renaissance in den Stückluken und Schießscharten ersichtlich sind. Andere Türme befinden sich an der Südseite (die zylinderförmigen, "del Salto" und "del Cavaliere" benannten Türme) und an der Nordspitze (der quadratische, "dello Sperone" benannte Turm).

Im Inneren der Umfassungsmauern finden wir als bedachte Räumlichkeiten nur Kasernen, Lagerhäuser und die Wohnung des Lehnsherren, sowie eine Reihe geräumiger Zisternen; das Bauwerk, das in Vergangenheit zahlreichen Angriffen und Belagerungen zu widerstehen hatte, war anscheinend einzig zu Verteidigungszwecken errichtet worden und mußte daher die Möglichkeit zu einer vollständigen Selbstverpflegung bieten.

Gesamtansicht: Die befestigte Anlage erhebt sich an Stelle der messapischen Akropolis und beherrscht die Stadt aus hevorragender strategischer Lage.

Auf der folgenden Seite: *Oria, Ansicht des Schlosses.*

Das Fest des sogenannten Palio dei Rioni, ein prunkvoller Umzug in historischer Kleidung, der vom Schloß ausgehend durch die Straßen der Altstadt führt und am ersten Augustsonntag stattfindet; das Festspiel bringt jedes Jahr die Hochzeit zwischen Friedrich II. und Jolande von Brienne, die 1225 in Brindisi stattfand, zu neuem Leben.

- **Sannicandro**

Das Schloß von Sannicandro wurde erst vor kurzem einer akkuraten Restaurierung unterzogen, die zum Teil dessen antike und geschlossene Raumverteilung und die elegante Wohnanlage wiedergegeben hat, die das Ergebnis jahrhundertealter Überlagerungen darstellt.

Das Schloß wurde nämlich im 10. Jahrhundert als ummauerte Festung angelegt und von den Normannen vollständig umgebaut; dabei wurde die typische Vierecksform angelegt, die auch acht Türme, von

Schloß von Sannicandro.
Gesamtansicht: das Schloß, das die durch Türme eingefaßte Anlage heute noch zeigt, ist das Ergebnis einer Erweiterung eines vorsarazenischen Gebäudes durch Friedrich II. im Jahr 1242.

Grundriß: aus dem Lageplan ist der Verlust des ursprünglichen Kerns ersichtlich, vor allem jedoch die totale Neuanlegung der Innenräume.

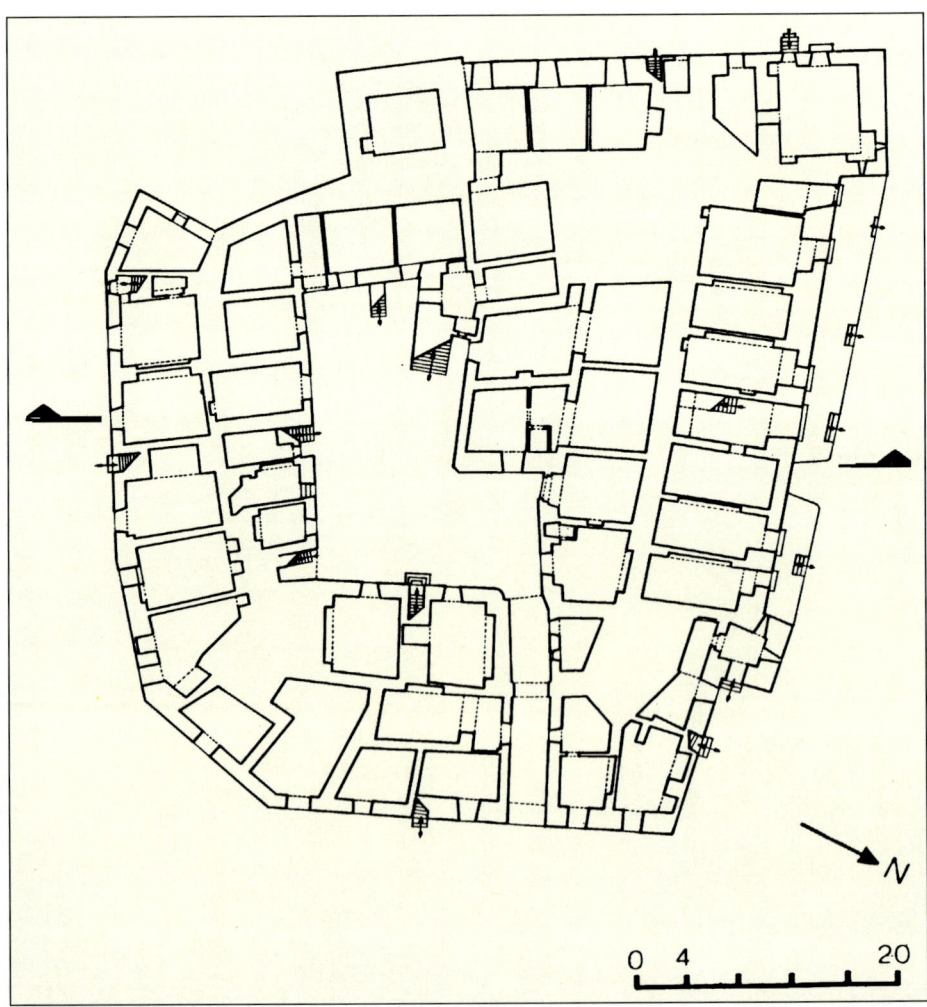

0   4   20

N

denen sechs noch bestehen, mitein- bezieht. Um 1242 erfolgte die Erweiterung und Verwandlung der bestehenden Gebäude in Wohnräumlichkeiten, die die typisch friederizianischen Züge tragen, wie aus gewissen architektonischen und dekorativen Merkmalen ersichtlich ist, die unter anderem an das nahe Schloß von Gioia del Colle erinnern. Die darauffolgende Geschichte sieht es Eigentum verschiedener Lehnsherren; später kam der Bau für mehrere Jahrhunderte in den Besitz der Basilika von S.Nicola von Bari. Im neunzehnten Jahrhundert schließlich wurde das Schloß einer Restaurierung unterzogen, die dessen Erscheinung vollständig veränderte.

Die kürzlich erfolgten Restaurierungsarbeiten haben auf das Schloß erneute Aufmerksamkeit gelenkt, sodaß für einen passenden neuen Bestimmungszweck der Anlage Hoffnung besteht.

Schloß von Sannicandro: Unten, *Ansicht der östlichen Fassade;* auf der folgenden Seite, oben: *Zwei Fenster der Südmauer;* unten: *Detail des Eingangtores an der Ostmauer. Sowohl der Stil, als auch Bauweise und Funktionsbestimmung erinnern an das Schloß von Gioia del Colle, mehr vielleicht noch an das nahegelegene Schloß von Bitritto, das in seiner Baugeschichte dem von Gioia del Colle sehr ähnelt: Ein normannischer Kern, die staufische Erweiterung, der spätere Umbau im Laufe des 14. Jahrhunderts.*

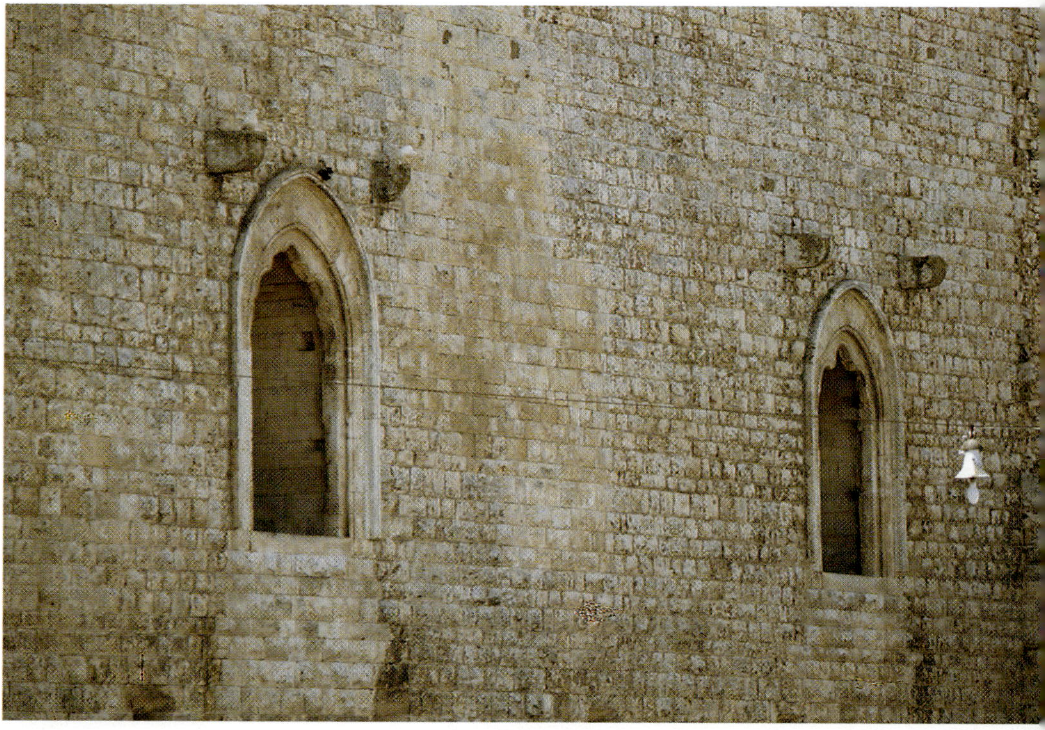

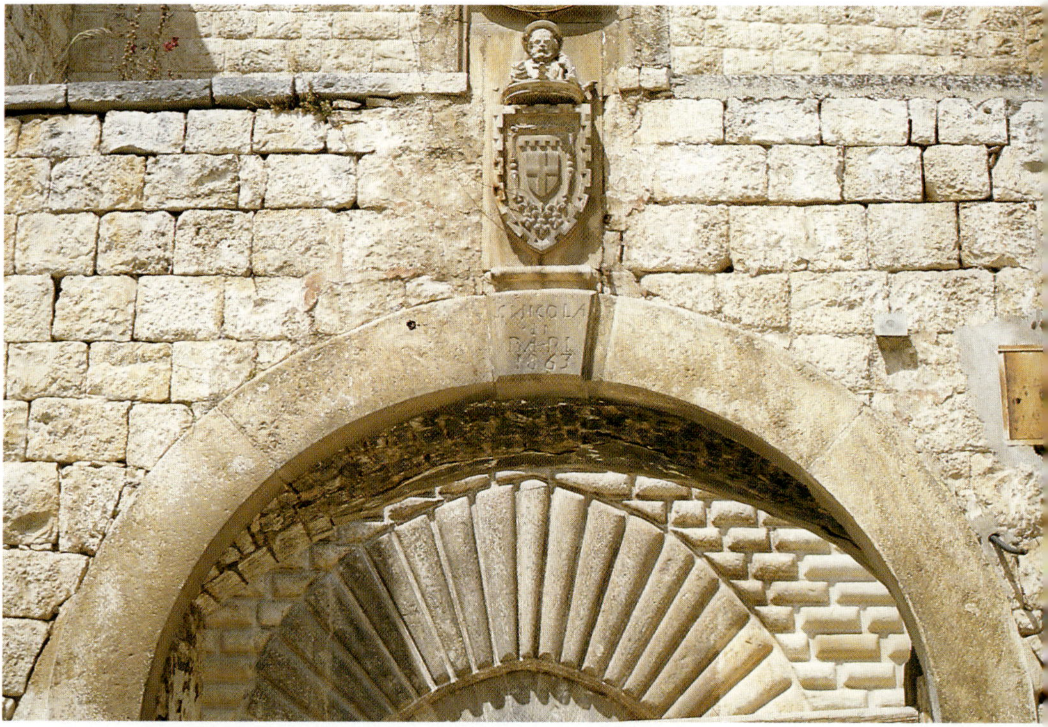
S. NICOLA
DI
BA-RI
1863

- **Trani**

Das Schloß wurde von Friedrich II. von Hohenstaufen 1230 gegründet und 1233 vollendet, wie eine Inschrift im westlichen Hof über einem spitzbogigen Tor angibt:

IAM NATI XRISTI DOMINI ANNIS MILLE DUECENTIS / CUM TRIGINTA TRIBUS FEDERICI CESARIS ANNO / IMPERII TRINO DENO IERUSALEMQUE OCTAVO REGNI / CUM MENSIS IUNII AC INDICCIO SEXTA FORET OPUS / HOC HINC SURGERE CEPIT.

Auf der folgenden Seite:
Das Schloß von Trani.
Ansicht der Küstenseite.

Grundriß: Der Wartturm mit den drei Ecktürmen und der Nordwall entlang der Küste stammen aus staufischer Zeit, während der Schutzwall zur Stadt hin im 16. Jahrhundert errichtet wurde.

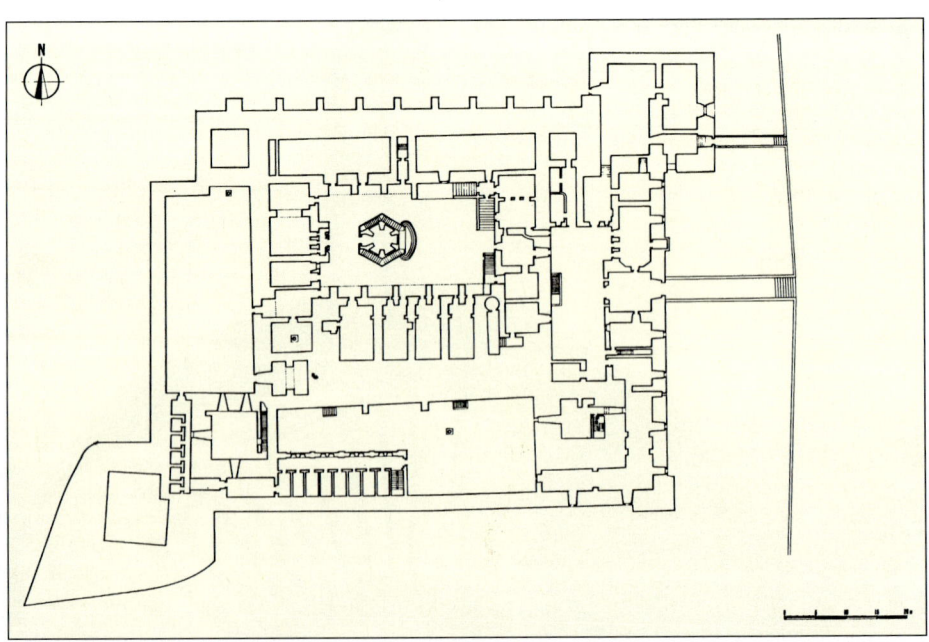

Eine weitere Inschrift über dem in Meeresrichtung liegenden Tor an der Nordseite bezeugt den Abschluß der Befestigungsarbeiten, die von Filippo Cinardo Graf von Conversano und Acquaviva und von Stefano di Romualdo Carabarese aus Trani veranlaßt worden waren, im Jahr 1249:

CESARIS IMPERIO DIVINO MORE TONANTE / FIT CIRCA CASTRUM MUNITIO TALIS ET ANTE / HUIC OPERI FORMAM SERIEM TOTUMQUE NECESSE / PHILIPPI STUDIUM CINARDI PROTULIT ESSE / QUOQUE MAGIS FIERENT STUDIIS HAEC FAMA TRANENSIS / PREFUIT HIS STEPHANI ROMOALDI CARABA-RENSIS / ANNO INCARNA-TIONIS IESU XRISTI MCCXLIX INDIC. VI.

Das Schloß war ein bevor-zugter Aufenthaltsort von Manfred, Sohn Friedrichs II., der hier auch seine zweite Hochzeit mit Elena von Epyrus feierte; die Anjous ließen unter Leitung von Pierre D'Angicourt weitere Bauarbeiten ausführen, bis im 15. und 16. Jahr-hundert das Bauwerk ziemlich entstellt wurde und die heute noch sichtbare Form erlangte.

Nach einer kurzen Periode unter venetianischer Gerichts-barkeit, kamen Trani und das Schloß wieder unter die Herrschaft Karls V., wie eine dritte Inschrift aus dem Jahre 1533 bezeugt, die sich in Höhe des zweiten Geschosses an der Südmauer des Hofes befindet:

DIVINA CAROLI QUINTI SEMPER AUGUSTI / IMPERATORI MUNIF-ICENTIA / FERDINANDUS DE ALARCON AREND DUX REG-NIQUE / SICILIAE ARCIUM / MUNIMINE PREPOSITUS INS-TAURAVIT ANNO MDXXXIII.

Die Inschrift bezieht sich auf die Umstrukturierung des Süd-flügels des Hofes, die dem Schloß einen "modernen" Charakter im Stil der Renaissance verlieh und die alte mittelalterliche staufische An-lage endgültig veränderte. Von die-ser ursprünglichen Struktur sind heute noch der staufische Haupt-turm mit drei Ecktürmen und einem Schutzwall zum Meer hin er-halten; der der Stadt zugewandte Teil stammt hingegen aus dem sechzehnten Jahrhundert.

Der breite Graben lief einst direkt ins Meer, die steinerne Ein-gangsbrücke hat die alte Zugbrücke ersetzt, sodaß das Schloß jetzt vom gegenüberliegenden Platz aus zugänglich ist. Über dem Architrav des Haupteingangs befindet sich unter dem Wappen Karls V. eine weitere Inschrift aus dem Jahr 1553, die andere, unter den Spaniern aus-geführte Restaurierungsarbeiten bezeugt:

IANUA ISTA SUB INVICTISSIMO CAROLO QUINTO / ROMANO IMPERATORE TEMPORE NOBILI / PETRI DE MONTALBANO VICE CASTELLANO HUIUS / ARCIS P. MARCO GEORGIO MANRICHEZ / RESTAURATA FUIT ANNO DO-MINI MDLIII.

Das Schloß wird zur Zeit einer sorgfältigen Restaurierung unterzo-gen, nachdem es seit dem Anfang des vergangenen Jahrhunderts als Gefängnis gedient hatte.

Die ursprünglichen Umrisse sind im Laufe der geschichtlichen Begebenheiten größtenteils verloren gegangen, aber man kann trotzdem noch einige Elemente erkennen: an der nach Westen gerichteten Innenfassade des Hofes sind Spuren einer früheren Zugangstreppe zu den oberen Sälen des Nordflügels sichtbar; verschiedene noch vorhandene Kragsteine bezeugen die einstige Überdachung des Ganges durch ein Kreuzgewölbe, während die Fenster und Gesimse des Nordflügels die ursprüngliche Pracht dieses sowohl als Wohnhaus, als zu Verteidigungszwecken dienenden Bauwerkes erkennen lassen, das in sich die kaiserliche und militärische Macht des Kaisers symbolisierte.

Gesamtansicht: Das Schloß wurde im Auftrag von Friedrich II. zwischen 1233 und 1249 errichtet und später von den Anjous unter der Leitung des königlichen Architekten Pierre d'Angicourt umgebaut, der lange in Trani lebte und dort im Jahr 1310 starb.

151

Auf diesen Seiten, Teilansichten im Inneren des Schlosses von Trani. Von oben nach unten und von links nach rechts: Nordmauer des Hofes mit Figuren darstellenden Kragsteinen, eine Wendeltreppe, ein Fenster, die nordwestliche Ecke des Hofes, ein einen Adler abbildenden Kragstein.

Die entlang der Nordmauer auf zwei Ebenen angebrachten Kragsteine bringen die Vermutung auf, es habe sich dort ursprünglich ein Balkon befunden, der mit einem Kreuzgewölbe abgedeckt war. Dargestellt sind ein Adler mit geweiteten Flügeln (rechts), und auf der oberen Ebene Adam und Eva, sowie eine kleine, auf einem Stuhl sitzende Figur (Nebenseite, oben), wiederholt vorkommende Motive der friederizianischen Plastik.

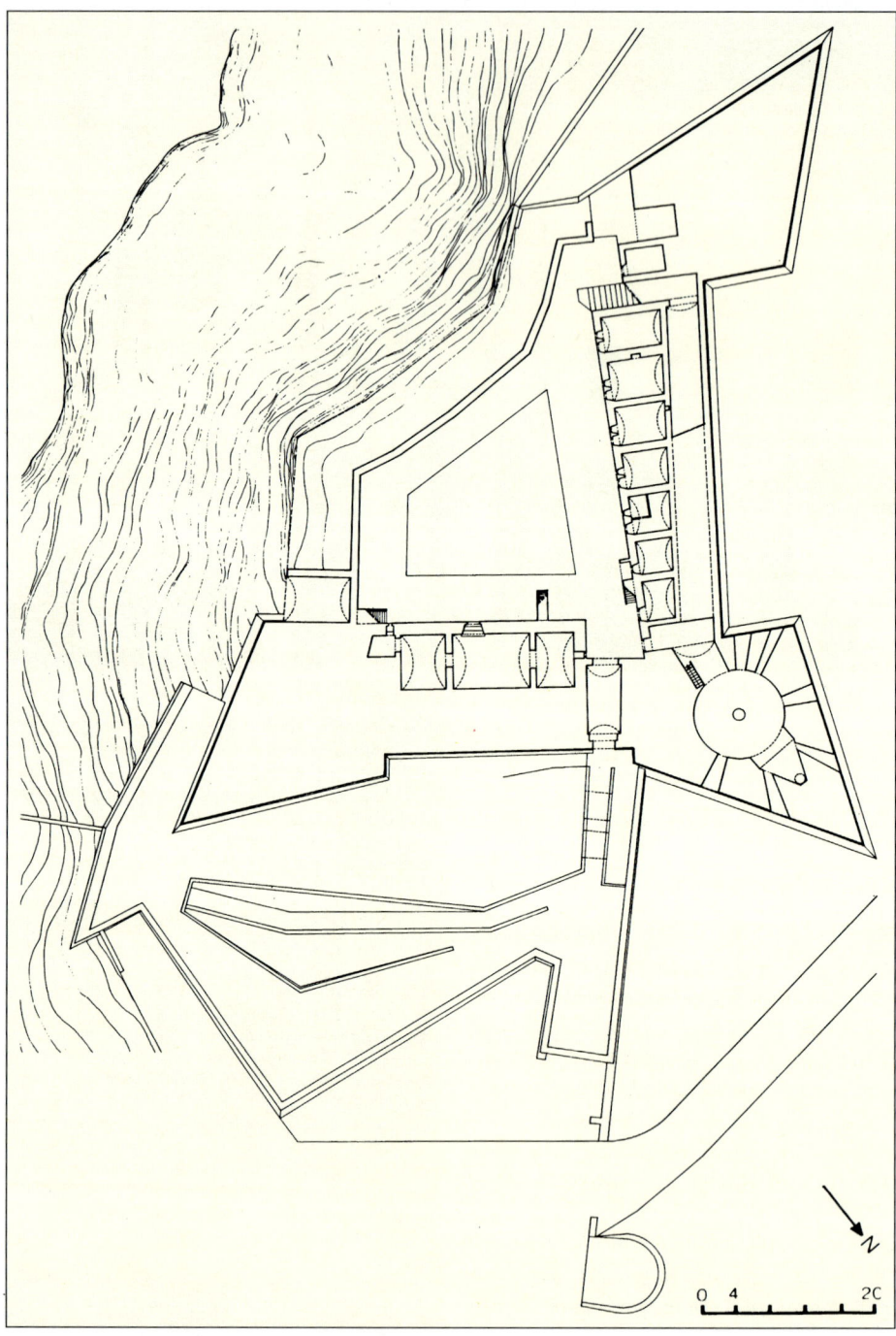

Das Schloß von Vieste. Grundriß: Die drei Bollwerke aus dem 16. Jahrhunderte sollen ebensoviele vorbestehende Türme einbezogen haben, wie aus den Untersuchungen der kürzlich erfolgten Restaurierungsarbeiten hervorgegangen ist.

• **Vieste**

Das Schloß erhebt sich direkt an der Steilküste am Rande der Ortschaft und wurde von Friedrich im Jahr 1240 als "königliche Festung" errichtet, in Verbindung mit einem Befestigungsprojekt der gesamten Küstenregion, das den Bau zahlreicher Schlösser entlang der Adria vorsah.

Das heutige Aussehen ist jedoch das Ergebnis spanischer Eingriffe zwischen den Jahren 1535 und 1559, die die Reste der staufischen Festung bis zur Unkenntlichkeit verwandelten.

Man sagt, der Kaiser habe sich mindestens zwei Mal in Vieste aufgehalten, und zwar in den Jahren 1240 und 1250, was schon sehr viel bedeutet, wenn man bedenkt, daß er viele der von ihm angeordneten Bauwerke in seinem Leben nicht einmal besichtigte. Das Schloß dient heute Militärzwecken und kann daher leider nicht besichtigt werden.

Aus der Luftperspektive: Es wird hier überliefert, Friedrich II. habe das Schloß von Vieste erbauen lassen, nachdem die Venetianer die Stadt ausgeplündert hatten; es ist jedoch wahrscheinlich, daß eine befestigte Anlage schon früher bestand, da die Stadt von Vieste zwischen dem 10. und 12. Jahrhundert den byzantinischen und normannischen Kriegszügen ausgesetzt gewesen war.

2.3   *Die Residenzen und Paläste*

- **Apricena**

Angeblich soll Friedrich in Apricena etwa um 1225 eine Residenz errichtet haben, besser gesagt, ein Jagdschloß, wo er sich während seines süditalienischen Reiches mit Vorliebe aufhielt, wie eine Vielzahl an Briefen und Privilegien, die hier verfaßt wurden, bezeugt.

Der heutige Palast weist leider nur unbedeutende Spuren dieser Epoche auf, da dieser spätere Bau vom örtlichen Lehnsherr Scipione Brancia im Jahr 1658 auf den Ruinen des fast gänzlich zerstörten friederizianischen Schlosses errichtet wurde.

Vom ursprünglichen staufischen Gebäude ist noch ein zweibogiges Fenster am zylinderförmigen nordwestlichen Wachtturm zu sehen: in der Tat handelt es sich um eine sehr karge Spur einer von den Urkunden bezeugten ruhmreichen Vergangenheit.

Apricena. Dieses Schloß, das sich uns heute als radikal umgebaut zeigt, war Friedrichs Lieblingsjagdresidenz, wie aus seinen häufigen Aufenthalten, vor allem zur Weihnachtszeit, hervorgeht.

• **Castel Fiorentino**

Bevor die archeologischen Ausgrabungen dem Rätsel der verschollenen Stadt Fiorentino auf die Spur gingen, wurden die Reste des friederizianischen Palastes, dessen Vorhandensein aus Urkunden hervorgeht, und wo angeblich der Kaiser gestorben sein soll, mit den Ruinen des östlichen Turmes identifiziert, der sich zwischen der Stadt und der Vorstadt *extra moenia* befand.

Der nicht vollkommen zerfallene Turm basiert auf einem hohen Pyramidenstumpf, der durch zwölf strahlenförmig auseinandergehende Mauern unterteilt ist; die Mauerverkleidung besteht aus regelmäßigen Backsteinreihen, die zu den wuchtigen Kanten aus Kalkstein (heute fast vollkommen zerstört) einen lebhaften Kontrast bilden; die Ausgrabungen haben ferner einen Sockel und ein gekehl-

Das Palatium *von Fiorentino.*
Grundriß: Das Schema (nach P. Beck) *bezieht sich auf den Umriß der im Laufe der Ausgrabungen entdeckten Anlage, die sich am westlichen Ende des Hügels befindet; zwei nebeneinanderliegende rechteckige Körper sind erkenntlich, die durch quergelegte Bögen in regelmäßigen Entfernungen in Räumlichkeiten aufgeteilt waren. Es ist geklärt worden, daß ein Teil der Ostmauer, wie aus der Zeichnung hervorgeht, aus früherer Zeit stammt und sich vielleicht auf ein* castrum *aus der Zeit der Stadtgründung bezieht. An diese Mauer, die sehr verschieden ist im Vergleich zu den regelmäßigen Steinquadern aus Friedrichs Zeit, lehnt sich der Bau des* Palatium, *der nach Westen hin von der Mauer abgeschlossen wird und nach Osten auf die Stadt schaut, von welcher er durch einen Graben getrennt war.*

Folgende Seite:
Das Innere des östlichen Turmes von Fiorentino und Reste des friederizianischen Palatium *des Westflügels.*

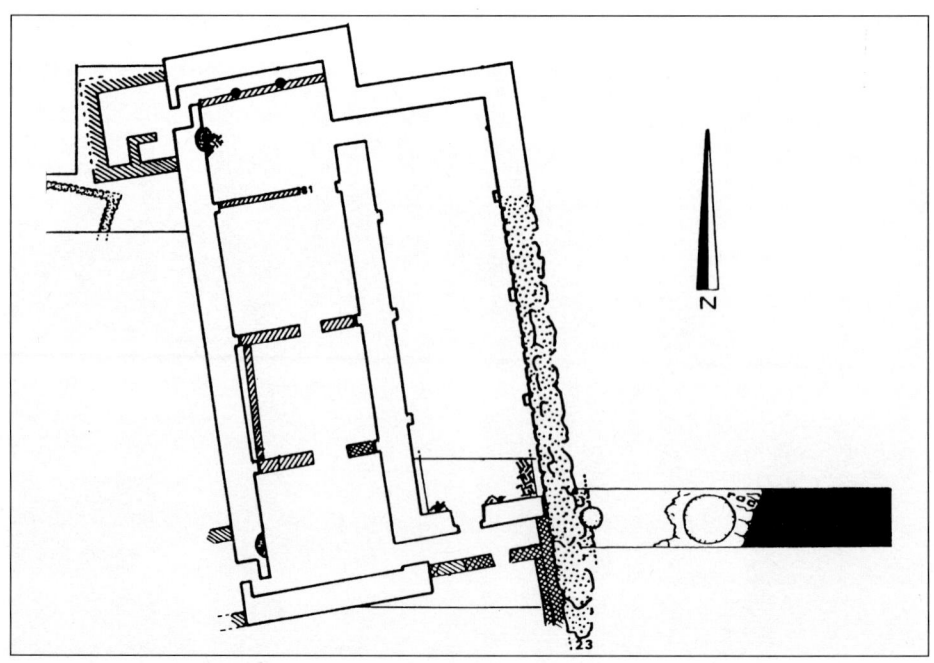

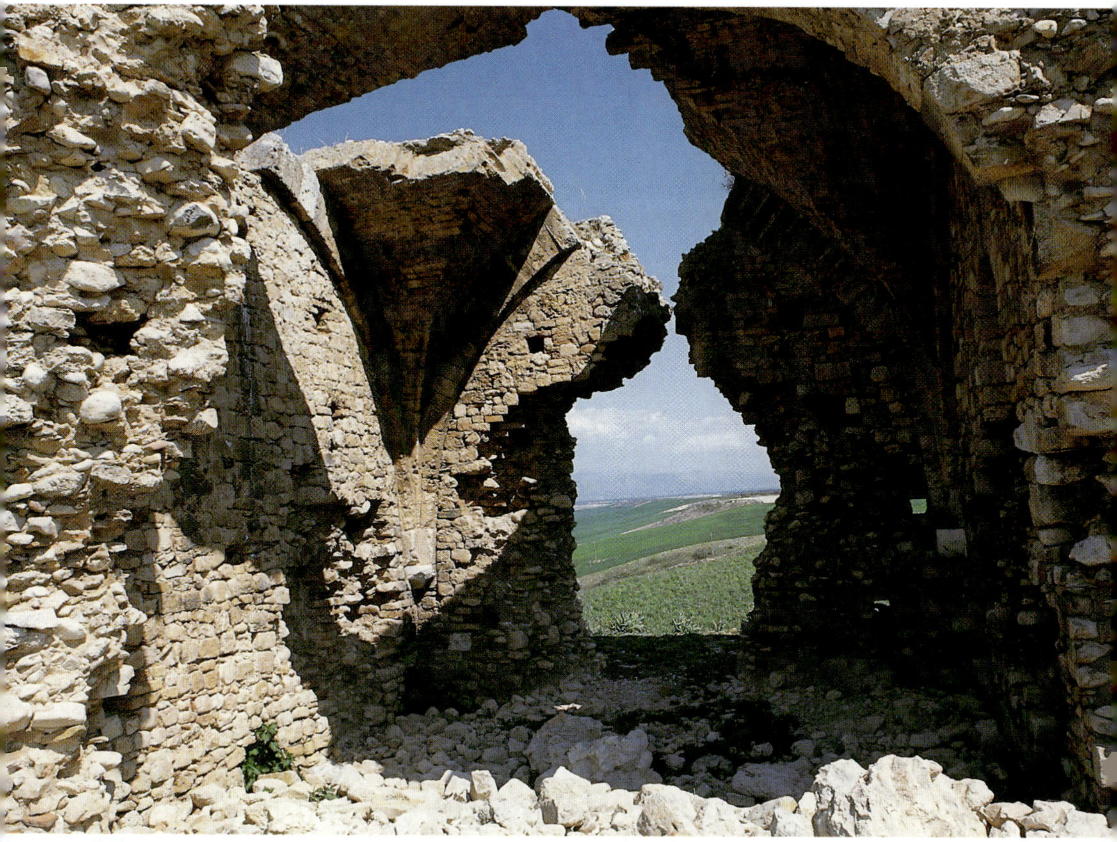

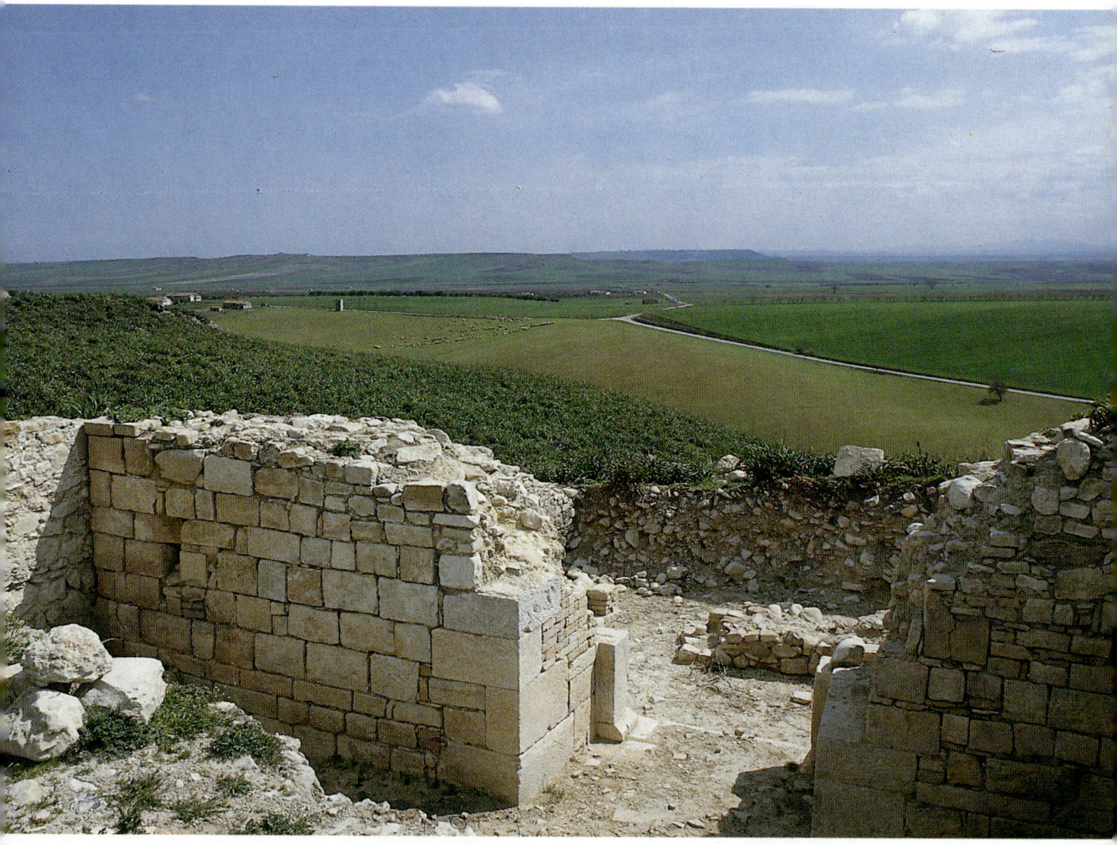

tes Gesims aus Kalkstein ans Licht gebracht. Das zum Teil zerfallene Innere zeigt eine raffinierte Überdachung durch ein geripptes Kreuzgewölbe.

Die Untersuchung des Bodens hat in der Nähe der westlichen Strebemauer ein großes Gebäude ausfindig gemacht, das die Merkmale einer befestigten Anlage und eines kaiserlichen *domus* zugleich aufweist: ein regelmäßiger Grundriß (zwei nebeneinanderliegende rechteckige Blöcke, deren Innenräume durch querliegende Bögen unterteilt waren, wie aus den noch bestehenden Kämpfern ersichtlich ist), dicke Mauern, die mit großen, rechteckigen, fein behauenen Blöcken verkleidet sind, Spuren von Verzierungen, die auf eine Einrichtung zu Wohnzwecken schließen lassen (Bruchstücke des Bodenbelages im Grätmuster, Scherben bunter Glasfenster, die Reste von zwei Kaminen, Teile der Kapitelle und Säulen der Fenster). Die Anwesenheit

eines Obergeschosses kann nicht nachgewiesen werden, doch ein Vergleich zum *domus* von Gravina läßt diese Hypothese als sehr wahrscheinlich erscheinen, wie auch die Merkmale der Skulpturenbruchstücke, die im Laufe der Ausgrabungen entdeckt wurden und zum Wandschmuck gehören mußten, das Vorhandensein eines oberen Stockwerkes bestätigen.

Außer diesen Spuren einer vergangenen Pracht sind jedoch auch die Anzeichen langere Kriegsjahre der Zerstörung, des mühseligen Wiederaufbaus und des anschließenden Zerfalls sichtbar. Das Schicksal von Fiorentino und seines *domus* scheint dem des staufischen Geschlechts zu entsprechen: nach dem Tod Friedrichs wurde das Schloß unter den Anjous ausschließlich zu militärischen Zwecken umgebaut und schon im Jahr 1418 wird es, nun mehr in halb zerfallenem Zustand, als verlassene Ruine angesehen.

Nebenseite:

Fiorentino, der Ostturm. Während der neulich erfolgten Restaurierungsarbeiten sind die zwölf strahlenförmig angelegten Mauern des pyramidenstumpfartigen Sockels ans Licht gekommen (im Bild nicht sichtbar); die Anlage (des Pyramidenturmes) erinnert an das Palatium *von Lucera und an das Schloß von Termoli. Unter dem sichtbaren Körper, der durch eine regelmäßige Ziegelsteinverkleidung mit großen steinernen Eckblöcken gekennzeichnet ist und für lange Zeit als Teil des zerstörten Kaiserpalastes angesehen wurde, haben die Ausgrabungen die Grundplattform des Turmes ans Licht gebracht, an welcher ein gekehltes Gesims entlangläuft.*

Der Palast von Foggia.
Die Archivolte und die darunterliegende Inschrift. Das ist alles, was vom prunkvollen Palatium *übrigbleibt, den die Zeitchroniker als Sitz gedenkwürdiger Feste beschreiben, und der noch im 17. und 18. Jahrhundert als "reich an Marmor, Statuen und Säulen" zitiert wird. Wahrscheinlich wurden Bruchstücke der Plastiken zur Verzierung der städtischen Kathedrale verwendet (z.B. die zwei Löwen aus Marmor).*

- **Foggia**

Vom kaiserlichen Palast Friedrichs II., im Jahr1223 errichtet, bleibt heute nur noch eine Archivolte erhalten, die, von zwei Adlern getragen, in die Wand des Palazzo Arpi in Piazza Nigri eingemauert wurde, sowie eine darauf bezogene Inschrift, aus welcher Auftraggeber und Auftragnehmer des Bauwerkes hervorgehen; letzterer war angeblich ein gewisser Bartolomäus, der als *protomagister* identifiziert wird; die Inschrift trägt auch ein Datum und lautet folgendermaßen: A(nno) AB I(n)CARNATIO(n)E MCCXXIII M(ensis) IUNII XI I(n)D(ictionis) R(egnante) D(omino) N(ostr)O / FREDERICO INP(er)ATORE (*sic*) R(omanorum) SE(m)P(er) AUG(usto) A(nno) III ET REGE SIC(i)L(i)E A(nno) XXVI / HOC OPUS FELICIT(er) INCEPTUM EST P(re)PHATO D(omi)NO P(re)CIPIE(n)TE; am oberen und unteren Rand steht in kleineren Buchstaben geschrieben: SIC CESAR FIERI IUSSIT OPUS ISTUM (*ic*) PTO BARTHOLOMEUS SIC CONSTRUXIT ILLUD HOC FIERI IUSSIT FREDERICUS CESAR UT URBS SIT FOGIA REGALIS SEDES INCLITA IMPERIALIS.

Das Gebäude entstand in der Nähe der Kathedrale an einem Ort, der 'pescheria' (Fischmarkt) benannt war, und erstreckte sich von der sogenannten "Corte" (Hof) bis zum Haupttor der Kirche. Wie aus der Inschrift ersichtlich ist, wurde das Bauwerk nach einem Entwurf des Kaisers angelegt, dessen Wunsch es war, die Stadt zur Würde einer kaiserlichen Residenz zu erheben. Im Jahr 1240 wurde hier die Königliche Reichsversammlung abgehalten, die der König auf der Rückkehr aus der Lombardei einberufen hatte; 1273 ließ Karl von Anjou zum Anlaß der prunkvollen Hochzeit zwischen der Prinzessin Beatrice und Philipp, Sohn des Kaisers von Konstantinopel *"logias magnas pulchras et decentes in balio seu curti hospicii et extra balium ipsum, si opus fuerit"* errichten. Das Gebäude wird in den Urkunden manchmal als Palast, manch-

I. Il Domo, 2. Casa di Fed.° Imp.° 3. Dogana, di S. Chiara, 10. Monastero di S. Franc

mal als Schloß erwähnt und man erinnert sich seiner noch im achtzehnten Jahrhundert als ein "an Marmor und Statuen und Säulen" reiches Bauwerk, die "in vielzähligen Teilen des Gemäuers" als noch bestehend erkannt werden; im Laufe der Zeit wurde das Gebäude einem langsamen und unaufhaltsamen Verfall ausgesetzt, bis es schließlich gänzlich verschwand.

Foggia, kartographische Ansicht der Stadt nach G.B. Pacichelli (1703).
Die dichte Anlage der Stadt wird vom hohen Glockenturm der Kathedrale beherrscht, auf dessen linker Seite, mit der Nummer 2 versehen, das "Haus vom Kaiser Friedrich" liegt, das am großen, mit einem Giebel versehenen Bogentor erkenntlich ist, hinter welchem sich der eigentliche Palast erhebt.

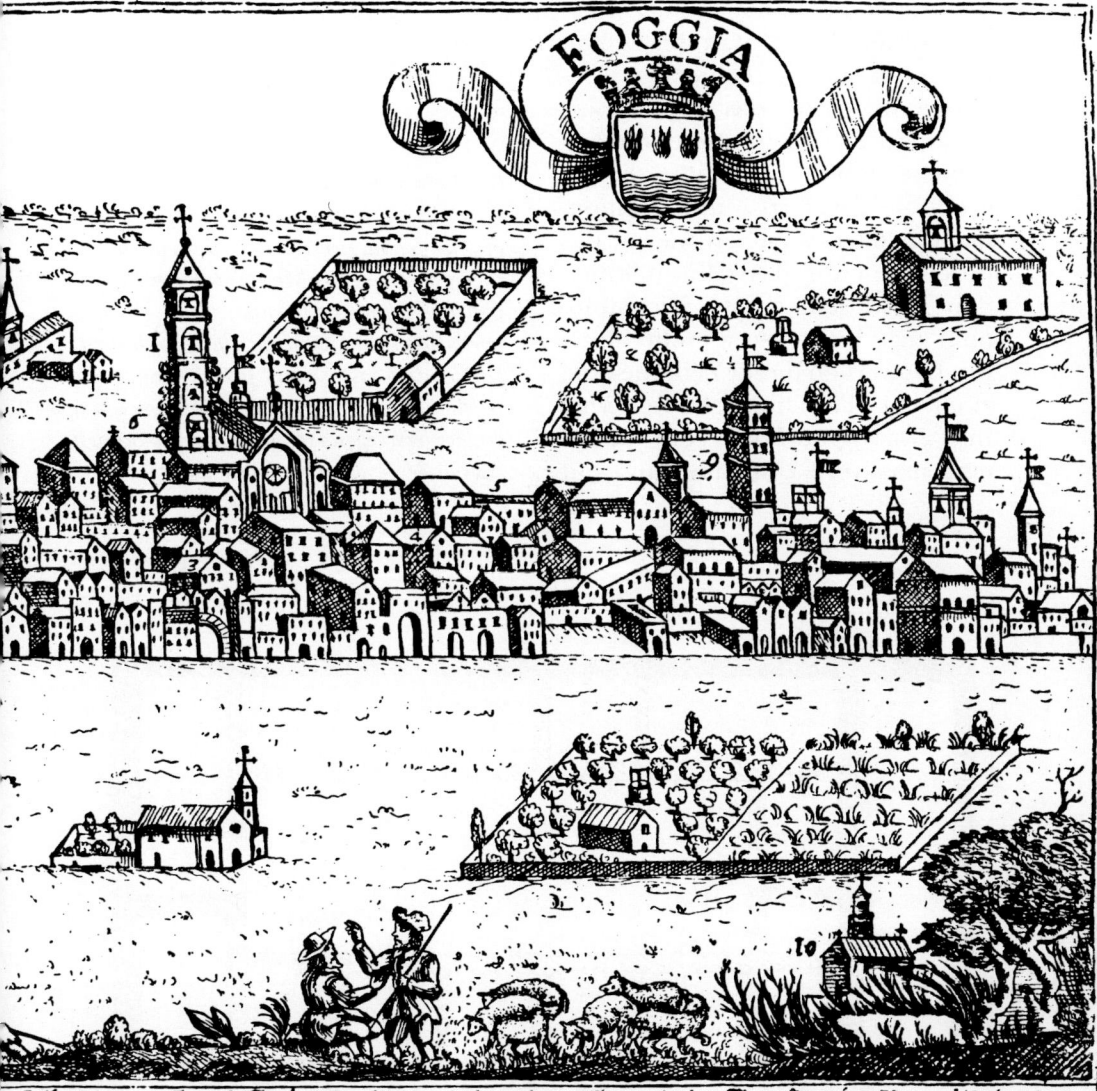

e della Pietà. 5. Casa di Carlo I. Re di Nap. 6. Giesuiti. 7. Capuccini. 8 Zoccolanti. 9. Torre di Beluedere

•   Gravina

Die Reste des Schlosses von Gravina erheben sich über einem Hügelrücken, auf welchem die halb zerfallenen Außenmauern sichtbar sind; die kargen Spuren der Innenausstattung (einige Friese entlang der nordwestlichen querlaufenden Mauer) bezeugen eine ehemalige Ausschmückung, die heute gänzlich verlorengegangen ist. Aus den noch bestehenden Überresten kann man schließen, daß es sich um ein rechteckiges Gebäude handelte, das zwei Stockwerke besaß, dessen oberes die kaiserlichen Wohnräume faßte, die mit großen Fenstern und einem Gewölbedach versehen waren; das untere Geschoß, das wahrscheinlich den Pferdeställen und Diensträumen zugedacht war, ähnelte anderen Bauwerken dieser Zeit, die eine zweifache Funktion als Residenz und Festung ausübten, und durch eine massive Ummäuerung und

kleine und stark ausgeschmiegte Fensterchen gekennzeichnet waren.

Im Erdgeschoß lassen die Reste eines Kamins und die Anwesenheit von Trennwänden an eine Aufgliederung der Räumlichkeiten denken, die wahrscheinlich dem kaiserlichen Aufenthalt dienten. Die gegliederte Anlage der Innenräume zeigt sich auch im Unterbau, der durch die Ausgrabun-

Der Palast von Gravina.
Grundriß: Der Lageplan ist dank der Ausgrabungen im Inneren des Baues nachvollzogen worden; das Mauerwerk des Baues, von welchem heute nur mehr Ruinen vorhanden sind, ist nur zum Teil erhalten. Die Anlage ist sehr typisch: eine Folge regelmäßig angelegter Räumlichkeiten um einen viereckigen Hof, der die verkleinerten Ausmaße des Umrisses wiedergibt.

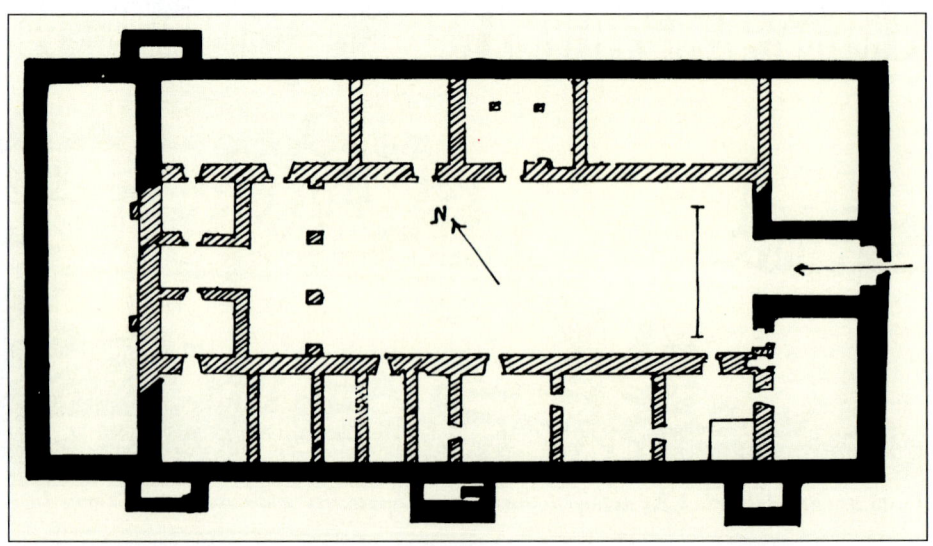

gen der fünfziger Jahre ans Licht gebracht wurde und das Vorhandensein einer Reihe von Räumlichkeiten entlang der Innenmauer und um einen zentralen, engen und länglichen Hof bezeugt. Diese Tatsache wird weiter durch eine Beschreibung aus dem Jahr 1307 bestätigt, die zu den aufgezählten Räumlich-

Der Palast von Gravina. Dieses domus soll mit denen von Foggia, Apricena, Lucera und Castel del Monte zu den wenigen Bauwerken gehören, die der Kaiser neu gründete; in den meisten Fällen handelt es sich nämlich um die Ausweitung und Neuanlegung vorbestehender Gebäude.

keiten auch eine Saal *"que dicitur falconeria"* hinzuzitiert, wofür wahrscheinlich von Friedrich selbst ein künstlicher Teich in einer Entfernung von wenigen Kilometern angelegt wurde. Weiteres wird in der *Vita* des Nicola Pisano vom Vasari beschrieben, worin erzählt wird, Friedrich habe einem florentinischen Architekten und Bildhauer Fuccio den Auftrag erteilt "einen von Mauern umfaßten Park für die Vogeljagd in der Nähe von Gravina" anzulegen.

Der Palast von Gravina. Aus der Cronica *von Giovanni Villani erfahren wir, daß Friedrich "einen Park für die Vogeljagd am Pantano di Foggia in Apulien, und einen Park für die Jagd bei Gravina und in Melfi am Berg* (Lagopesole) *anlegen ließ. Den Winter verbrachte er in Foggia, den Sommer am Berg auf der Jagd."*

Innenansicht: die großartigen Ruinen bewahren den faszinierenden Zauber des Bauwerkes, das für die Jagd, die Ruhe und das Vergnügen bestimmt sein sollte; es ist überliefert, daß Friedrich in der Nähe des Schlosses auch einen künstlichen See anlegen ließ.

● **Lucera**

Die Gründung des *palatium* in der sarazenischen Kolonie von Lucera muß um das Jahr 1233 erfolgt sein. Seine Ruinen (der Außensockel mit einem Teil der Böschungsmauer und der Unterbau des zentralen Gebäudes) reichen allein nicht aus, sich ein Bild vom ursprünglichen Bauwerk zu machen; wir können es jedoch aus einigen Zeichnungen des französischen Malers Jean Desprez aus dem Jahr 1778 kurz vor seiner Zerstörung entnehmen; außerdem ist eine Tafel aus dem neunzehnten Jahrhundert über "Bögen und Säulengänge der Räumlichkeiten des Königlichen Palastes" erhalten, die von Giambattista D'Amelj herausgegeben wurde. Das Gebäude bestand an-scheinend aus drei Etagen und entfaltete sich über vier Flügel; es hatte die Form eines Turmes mit einem Pyramidenstumpf, der noch heute im Innern der angiovinischen Ummauerung zu sehen ist.

Der Palast von Lucera.
Lageplan der befestigten Anlage: Der Palast, wunderbar geschmückt mit Säulen und Verzierungen, erhob sich ursprünglich über einem quadratischen Sockel und wiederholte auf den oberen Ebenen die Anlage mit vier symmetrischen Flügeln und zentralem Hof, wie sie auch in den Schlössern von Augusta, Catania, Syrakus und Prato zu sehen ist.

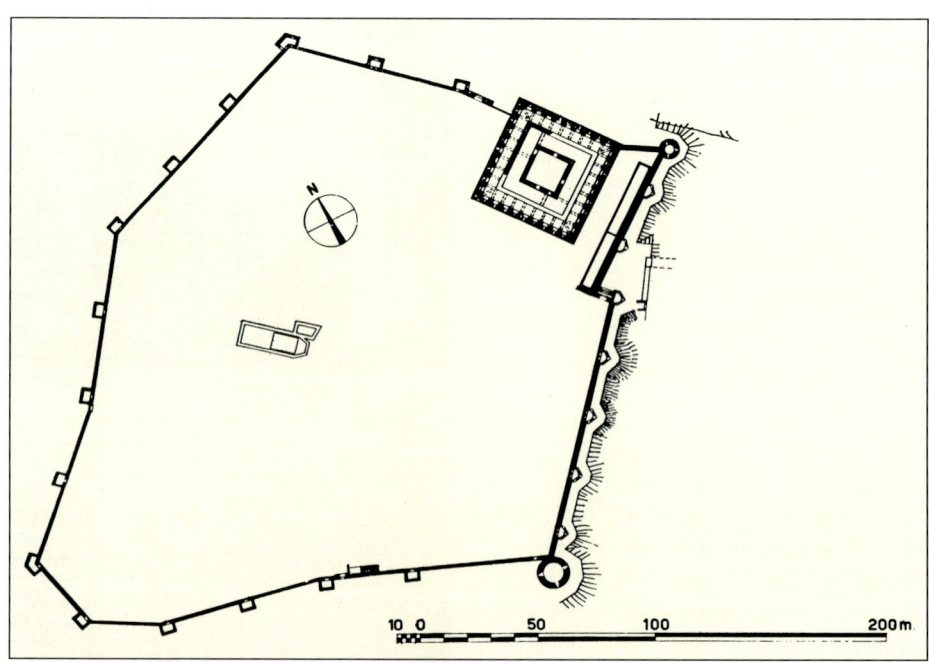

Lucera, die Reste des Palatium, und rechts eine Teilansicht der angiovinischen Mauer mit dem sogenannten Turm "der Königin". Karl I. von Anjou ließ die fast 1 km lange Ummauerung mit Türmen errichten, die entlang der nördlichen Seite den kaiserlichen Palast miteinfaßte; im Innern ließ er eine Franziskanerkirche und zahlreiche andere Gebäude anlegen (deren Reste durch die Ausgrabungen ans Licht gebracht wurden), die für die provenzalische Kolonie, die er selbst in der Stadt hatte ansiedeln lassen, bestimmt waren.

Der quadratische Innenhof bildete in Höhe des zweiten Stockwerks ein Achteck und deutete somit in gewissem Sinne die künftig in Castel del Monte eingeführten Lösungen schon an. Dem Anschein nach bestand das Schloß also aus einem Wohnturm, einer Festung in der Art von Adrano in Sizilien, eigentlich ein Turm-Palast, eine geschickte Vereinigung des normannischen Turmes mit dem offenen Palast islamischer Sitte, die die Erfordernisse einer Befestigungs- und Verteidigungsanlage mit den Notwendigkeiten des Wohnkomforts einer hohen Persönlichkeit in Einklang brachte. Die Zeichnungen von Desprez und die Tafel von D'Amelj sind in dieser Hinsicht sehr vielsagend und lassen wertvolle Ornamente, ausgesuchte architektonische Lösungen in Form von

Portalen, Fenstern, Rund- und Rautenfenstern erkennen, die den massiven
Eindruck der Außen- und Innenma-
uern auflockerten. Friedrich soll angeblich eine Reihe antiker Statuen nach
Lucera gebracht haben, um seinen Palast
auszuschmücken, was seine Neigung
und Liebe zur Antike bestätigt, die sich
schon in Castel del Monte und im
Schloß von Siracusa geäußert hatte.

*Lucera, noch eine Teilansicht der angiovi-
nischen Mauer. Nach dem Ende der staufischen Dynastie stellte die aufständische
Stadt von Lucera ein Problem für Karl von
Anjou dar, der sich mit seiner ganzen Macht
dem "Sarazenenräubernest" widersetzte,
um die "Feinde des christlichen Glaubens"
durch eine zermürbende Belagerung zuerst,
später durch die Neubesiedlung des
"fruchtbaren und schönen" Landes mit
provenzalischen Familien, die in der befestigten Zitadelle wohnten, auszurotten.*

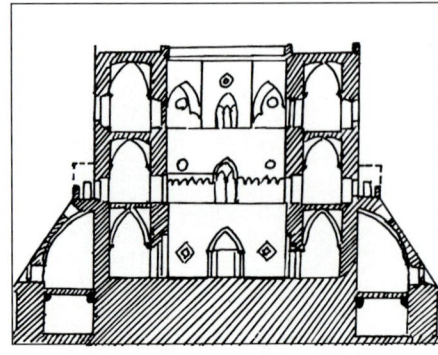

Oben: *Lucera, die Reste des* Palatium *von Friedrich.*

Links: *Mögliche Rekonstruktion: Der quadratische Querschnitt des Erdgeschosses verwandelte sich nach oben hin, eine ungewöhnliche Lösung, die schon auf Castel del Monte hindeutet, in ein Achteck. Auf den Innenhof, der in den Verzierungen letzterem sehr stark ähnelt, schauten kleine Rund- und Rautenfenster, sowie eine Reihe kleiner, verflochtener Bögen.*

2.4 Altamura und Castel del Monte: Die Ausnahme un die Regel

*2.4   Altamura und Castel del Monte:
         Die Ausnahme un die Regel*

Die Kathedrale von Altamura und Castel del Monte haben etwas gemeinsam: sie stellen in gewissem Sinne beide Ausnahmen dar; erstere ist die einzige von Friedrich ausdrücklich erwünschte Kirche, die er selbst gründete und anerkannte, obwohl sein sonstiges Verhalten eher den Freuden des Leibes und des Geistes zugeneigt schien, und sein eigenes Seelenheil vernachlässigte (das hingegen für viele andere gekrönte Häupter ein anzustrebendes Ziel darstellte, weshalb sie sich bemühten, Kathedralen und Kapellen zu errichten); der zweite wegen seines Namens, der an ein Schloß gemahnt, in der Tat jedoch eine Besonderheit bezeichnet, die zwar der Reihe friederizianischer Bauwerke angehört, aber als *unicum* gilt, als ungelöstes Rätsel, als perfekte Synthese mehr oder weniger verborgener Bedeutungen.

Zweckbestimmung und symbolische Bedeutung überlagern sich sowohl in der Kathedrale als im Schloß zu einem verschwommenen Ganzen: beide stellen mit Sicherheit die dahinterstehende Macht dar, sie erwecken aber auch den Eindruck einer großen Feierlichkeit und Hoheitsgewalt, sie scheinen eine unbezwingbare Zufluchtstätte für Körper und Seele zu bieten, göttliche und weltliche Symbole sind zugleich in ihrer äußeren Gesteinsform enthalten.

Wie die Klöster für die Mönche des Mittelalters die "Festungen Gottes" darstellten, so interpretierte Martin Luther Gott als "eine mächtige Burg, eine starke Waffe"; in gleicher Weise erscheint Castel del Monte als deutliche Metapher der Macht, des ihm innewohnenden Menschen, seines Zepters und seiner Krone.

Wie die Kirchen in ihrer Form und Größe die sichtbare Äußerung und Interpretation des himmlischen Jerusalem verkörperten, eine Stadt, die in der Tradition als achteckig dargestellt wurde, so meint man, Castel del Monte sei die Nachbildung eines Jerusalem

Altamura, Detail einer der beiden Löwen, die an den Seiten des Hauptportals stehen.

auf Erden, die "weltliche Kathedrale" eines Herrschers, der keine Kapellen erbauen ließ, sondern sich das Heilige aneignete, um die Metapher seiner eigenen Macht zu zeigen. Die meisten heiligen Stätten sind aufwärts gerichtet und befinden sich meist selbst in erhöhter, dominierender Stellung; sie entsprechen oft dem Punkt, wo die Sonne aufgeht; Christus wird mit der Sonne in Verbindung gesetzt, er wird *sol invictus* und *sol occasum nesciens* genannt, die Kirchen sind in Richtung der Sonne "orientiert", das heißt, sie sind mit der Apsis zum Orient hin gerichtet. Man kann Friedrichs Interesse für die Sonne nicht übersehen, wenn man Manfreds Brief an seinen Bruder Konrad nach dem Tode des Vaters liest: "...die Sonne der Welt ist untergegangen (...), die Sonne der Gerechtigkeit". Man beachte ferner die Ausrichtung von Castel del Monte selbst, abgesehen von den unbestreitbaren Zusammenhängen zur Mathematik, zur Astronomie, zur Astrologie, zur Wissenschaft: das Gebäude ist tatsächlich "orientiert", mit seinem in Richtung der aufgehenden Sonne ausgerichteten Haupteingang und Thronsaal.

Vielleicht ist alles nur Einbildung oder Zufall; aber die Ausnahme, die die Errichtung einer Kathedrale von seiten eines durchaus nicht frommen Kaisers bildet, bestätigt mit Sicherheit die feste Regel, auf welcher sein Machtkonzept basierte: die Bedeutung und Kundgebung des Symbols ragen über das Menschliche empor, um den Mythus der persönlichen Identifizierung mit dem Göttlichen zu fördern.

- **Die Kathedrale**

Die Kathedrale von Altamura ist Mariä Himmelfahrt geweiht und stellt eines der bekanntesten und bestrittentsten Bauwerke im Rahmen der historischen Forschung dar. Sie wurde zwischen 1223 und 1245 von Friedrich II. als pfälzische Kapelle gegründet; sie erhielt das Privileg der gerichtlichen Immunität und war nur der kaiserlichen Gerichtsbarkeit unterstellt. Diese Privilegien wurden unter den Anjous bestätigt, die die Kirche im Jahr 1316 neu errichten ließen, so wie die Inschrift über dem Nordportal besagt. Es ist nicht geklärt, wie die Kirche ursprünglich und nach dem ersten Wiederaufbau aussah, auch weil im Laufe der Zeit eine Vielzahl an An- und Umbauten erfolgte (unter anderem wurden später die zwei Türme errichtet, die einen mitteleuropäischen Eindruck vermitteln), bis die noch heute sichtbare Innenausstattung vorgenommen wurde, die aus den Jahren 1854 bis 1860 stammt.

Altamura.
Die Fassade der Kathedrale. Die zwei massiven Glockentürme aus dem 16. Jahrhundert beherrschen das Bild; die barocken Giebel wurden 1729 hinzugefügt. Zwischen den beiden Türmen steht auf der barocken Loggia die Statue der Assunta (der die Kirche geweiht ist), darunter ist die sehr schöne Rosette mit fünfzehn, in verflochtene Bögen auslaufende Strahlen sichtbar. Auf der linken Seite befindet sich ein elegantes zweibogiges Fenster mit zusätzlichem Spitzbogen auf Säulen mit säulentragenden Löwen, die wahrscheinlich aus der Apsis aus dem 13. Jahrhundert herrühren.

Eine der umstrittensten Fragen bezieht sich auf die Umstellung der Ausrichtung des Gebäudes, die im sechzehnten Jahrhundert erfolgt sein soll, nachdem 1485 die Kirche zum Rang einer Kollegiatkirche erhoben wurde: der ursprüngliche Bau soll angeblich im herkömmlichen Sinne ausgerichtet gewesen sein, also mit der Fassade in entgegengesetzter Richtung der heutigen und erst später soll die gesamte Fassade mit Eingangstor und Rundfenster von Westen nach Osten "umgelegt" worden sein, um dem Bau eines neuen, geräumigeren Chores Platz zu machen; die abgebauten Teile, einschließlich des Apsidenfensters seien dabei erneut angebracht worden.

Kürzlich erfolgte Untersuchungen haben ergeben, daß diese Umlegung nie erfolgt ist, und daß großenteils die gegenwärtige Fassade ein dem ursprünglichen ähnliches Aussehen gewahrt hat; heute wie damals ist die gesamte Aufmerksamkeit auf das prunkvolle Portal gerichtet, das mit Recht der apulischen Romanik zugeschrieben wird, obwohl es sowohl vom historischen, als vom kulturellen Standpunkt gesehen nicht mehr dieser Epoche angehört. Allgemein auf der Basis eines Vergleichs mit dem Portal der Kathedrale von Bitetto bewertet, das auf das Jahr 1335 datiert wird, zeigt dieses Tor in der Mitte des Giebelfeldes ein doppeltes Wappen, wovon das eine dem Geschlecht der Anjous von Neapel zugeschrieben wird, das andere der jüngeren Linie des Fürstenhauses von Tarent und Altamura gehört; aus den eingemeißelten Daten 1356 und 1374 kann in etwa die Epoche abgeleitet werden, in welcher der angiovinische Hof von Neapel seine höchste Blütezeit erreichte.

Entlang der Pfosten und der Archivolte entfalten sich die Szenen aus dem Leben Christi und Marias, die ikonographisch zum Teil aus den wertvollen höfischen Miniaturbildern abgeleitet sein könnten, aber auch unter dem Einfluß nördlicher und adriatischer Modelle entstanden sein könnten.

Die Kathedrale, das Hauptportal. Die sehr schöne Ausführung zeigt einen doppelten, leicht spitzen Bogenrücken mit dreieckigem Tympanum, der von vier Säulen auf zwei Löwen aus dem 16. Jahrhundert getragen wird. In die Lunette ist eine Madonna mit Kind zwischen zwei Engeln eingemeißelt, auf der Bogenleiste eine Szene aus dem Letzten Abendmahl; das äußere Bandgesims beginnt unten mit den Figuren des Verkündigungsengels und der Jungfrau, und zeigt fortlaufende Begebenheiten aus dem Neuen Testament bis hin zur Pfingstszene.

• **Das Schloß**

Die umstrittene Interpretation der einzigen Urkunde, die es erwähnt, hilft uns auch nicht weiter, mehr darüber zu erfahren: es ist nicht einmal gewiß, ob das Schloß vor Friedrichs Tod vollendet wurde, und ob er daher tatsächlich hier verweilt habe; es wird sogar überliefert, daß die einzigen Hohenstaufen, die sich jemals in Castel del Monte aufgehalten hätten, die Söhne Manfreds gewesen seien, die Enkelkinder Friedrichs, und zwar, Ironie des Schicksals, als Gefangene.

Auf der folgenden Seite:
Castel del Monte.
Aufsicht auf den Hof, der die achteckige Form des gesamten Baues wiederholt. Das Gebäude gibt einen sehr strengen Eindruck, fast, als würde man sich auf dem Grund eines Brunnens befinden; das wuchtige Mauerwerk wird nur durch die drei majestätischen Portale aufgelockert, die zu den Sälen im Erdgeschoß führen, und durch die drei Fenstertüren, die ebensovielen Sälen im Obergeschoß entsprechen. Es handelt sich um äußerst raffinierte, klassische und doch strenge Verzierungen.

Ansicht der Hauptfassade, die vom großen Portal beherrscht wird, das über zwei große, symmetrische Treppenrampen erreicht wird. Das Eingangstor, das sich an der Ostseite des Gebäudes befindet, beeindruckt durch die harmonische Komposition, die als klassisches Modell schon im Brückenschloß von Capua und im Schloß von Prato Anwendung fand.

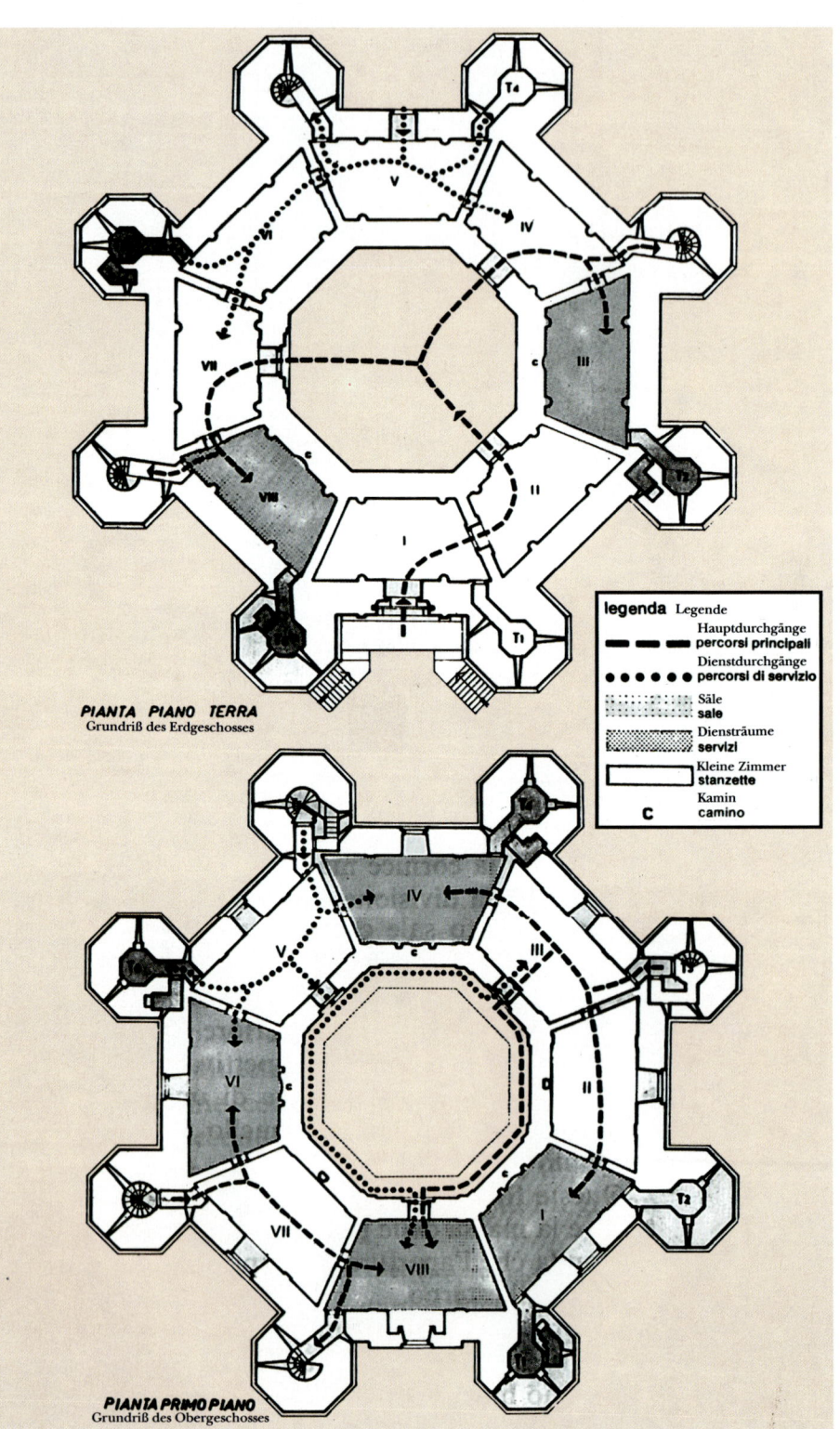

PIANTA PIANO TERRA
Grundriß des Erdgeschosses

legenda Legende

▬ ▬ ▬	Hauptdurchgänge **percorsi principali**
●●●●●●	Dienstdurchgänge **percorsi di servizio**
▦	Säle **sale**
▨	Diensträume **servizi**
▭	Kleine Zimmer **stanzette**
C	Kamin **camino**

PIANTA PRIMO PIANO
Grundriß des Obergeschosses

Im Hof angebrachtes Bas-relief, das eine Jagdszene darstellt, die als Caccia del Meleagro identifiziert wird; es ist bekannt, daß Friedrich II. ein begeisterter und fachmännischer Sammler war, der es liebte, seine Schlösser und Paläste mit antiken Fundstücken zu schmük-ken, wie es auch in Castel del Monte der Fall war.

Nebenseite:
Schema der "unumgänglichen Durch-gänge", also die Haupt- und Dienst-durchgänge, die man festgestellt hat, ob-wohl dem äußeren Anschein nach keine genaue Hierarchie in der Anlage der Räumlichkeiten besteht. Obwohl alle in Form und Ausmaßen gleich erscheinen, ist es möglich, nach einer genaueren Untersu-chung festzustellen, wie einige mit den Türmen in Verbindung stehen, andere mit einem Bad oder einem Kamin versehen sind, weitere in den Hof leiten (im Erdge-
schoß), oder eine Fenstertür (im Oberge-schoß) besitzen. Einige Säle waren sicher-lich nur Durchgangsräume, da sie unterei-nander verbunden sind, andere sind "Endzimmer", die keinen weiteren Durch-gang gestatten. Dort befinden sich bezeich-nenderweise die Toiletten und die Feuer-stellen, um die Zimmer zu heizen; man muß ferner bedenken, daß früher wahr-scheinlich auch ein äußerer Gang entlang des Obergeschosses existierte, der vom Hof aus durch die Fenstertüren in die Innen-räume führte.

Der Aufstieg zum Schloß erfolgt nach einem langsamen Rhytmus, wie einem feierlichen Ritus folgend, als ob die Straße zu einen Altar führte. Ein merkwürdiger Altar achteckiger Form, mit einem achteckigen Hof und acht Türmen gleicher Form an den acht Ecken, als Symbole einer immer wiederkehrenden geometrischen Regel, die mit eiserner Beharrlichkeit durchgesetzt wird.

Das Schloß imponiert durch seine beeindruckende Majestät. Trotz des Namens und des Anscheins widerspricht Castel del Monte sogar den einfachsten Regeln militärischer Bauweise; es besteht und bestand kein Graben, keine Zugbrücke, keine Angriffsstellungen, um mit dem Bogen oder der Armbrust schießen zu können, oder um siedendes Öl auf die Feinde hinabgießen zu können; es sind keine Verliese vorhanden, wo man die Gefangenen hätte einsperren können; keine Räume für die Garnison, die Dienerschaft, die zahlreichen Mitglieder des wandernden kaiserlichen Hofes.

Unten: *Detail des zweibogigen Fensters eines der Säle des Obergeschosses.*
Rechts: *Ansicht der sechsgeteilten Decke des siebten Turmes; die dicken Rippen stützen sich auf Kragsteine, die nackte Telamone in gekauerter Stellung darstellen; diese nicht gerade königliche Haltung wurde von manchem als die Rückseite der Kultur der Zeit angesehen, die der aulischen entgegengesetzt war und darum in den Hintergrund gerückt wurde.*

Vom technischen Standpunkt aus erscheinen die winzigen Schießscharten einzig zu Lüftungszwecken angelegt, da es unmöglich wäre, daraus Pfeile abzuschießen, und die breiten und reichen Fenster des Obergeschosses stellen eine nicht existierende Abwehr gegen Eindringlinge dar; dazu kommt, daß alle Wendeltreppen im Gegenuhrzeigersinn angelegt sind, sodaß es einem eventuellen Angreifer möglich wäre, im Aufstieg sein Schwert zu schwingen und dem wehrlosen Herabsteigenden problemlos entgegenzutreten (natürlich nicht im unglücklichen Falle, daß letzterer Linkshänder wäre). Schließlich ist keine einzige Bodenluke vorgesehen, aus welcher man entfliehen könnte, kein unterirdischer Gang, der zur Freiheit führen könnte, kein geheimer Weg, um Alarm schlagen zu können.

Dafür gibt es geräumige komfortable Säle, höchst moderne hygienische Anlagen, worin sogar eine Nische für die Laterne vorgesehen ist, hohe Kamine zur Heizung der Privaträume, Marmor, Mosaike an Fußböden und Wänden, Verzierungen, die einer Kathedrale würdig wären, all das in einer Burg verborgen.

Im Mittelalter wurde nichts dem Zufall überlassen, der Gedanke eines "Gebäudes ohne Zweck" konnte gar nicht aufkommen: bei einem mittelalterliche Bauwerk hatte jedes seinen Sinn, auch wenn uns heute davon vieles verborgen bleibt. Ob Castel del Monte nun ein Schloß darstellt oder nicht, gewiß ist, daß es erbaut wurde, um bewohnt oder zumindest besucht zu werden, und nicht, um nur eine abstrakte Idee darzustellen oder nur als Selbstzweck zu dienen. Seine Befestigungsanlagen sind zwar nicht deutlich zu erkennen, aber sie existieren sehr wohl in Art eines architektonischen Spiels; man denke an das Labyrinth des vorgeschriebenen Durchgangschemas, das dazu nötigt, die Säle in einer ganz bestimmten Reihenfolge zu durchlaufen; man denke an die verschiedenen Zugänge zum Obergeschoß in Abhängigkeit der Türme.

Rechts:
Das Portal.

Miniaturbild, das wahrscheinlich Friedrich II. auf dem Thron darstellt, aus einer Rolle von Exultet (Salerno, Biblioteca Capitolare).

Diese Details stehen im Kontrast zur eisernen Gliederung des Ganzen, in welcher die magische Ziffer acht jedes Verhältnis zu regeln scheint, die das Unendliche heraufbeschwört, die den Kreis gewissermaßen "quadriert" (man bedenke, daß das Achteck eine Drehung des Quadrats darstellt), die die beiden geometrischen Figuren, Symbole des Himmels und der Erde, auf unzertrennliche Weise miteinander vereinigt. Man findet also immer weitere Zweideutigkeiten in diesem Schloß, das sich als solches ausgibt, vielleicht aber etwas ganz anderes bedeutet: mit Sicherheit kann man sagen, daß es ein Symbol der Heiligkeit und der Oberherrschaft darstellt, die in enger Verbundenheit zur historischen und mythischen Figur des Menschen, der es errichten ließ, stehen. Friedrich II. starb im Jahr 1250: eins, zwei, fünf, null…Ob Zufall oder Scherz des Schicksals, auch diese Summe ergibt eine acht.

Auf dieser Seite:
Miniaturbild, das den siegreichen Aufstand der Bürger von Parma gegen Friedrich II. darstellt (1248), aus der Cronica figurata *von Giovanni Villani (14. Jahrhundert), Roma, Biblioteca Apostolica Vaticana, ms Chig. LVIII 296.*

Nach einer Folge militärischer Niederlagen und nach dem Tode des Kaisers selbst verschwand das Reich Mitte des 13. Jahrhunderts aus der politischen Szene Italiens.
Folgende Seite:
Das Achteck von Castel del Monte aus dem Hof gesehen.

3. Literaturverzeichnis zur Fortsetzung der Reise

Da dies gewiß nicht die geeignete Gelegenheit ist, in Anbetracht der unermeßlichen Menge an bestehenden Abhandlungen ein vollständiges Litertaurverzeichnis anzugeben, wird hier nur auf die neuesten Werke verwiesen oder auf solche, die selbst ein ausführliches Verzeichnis früherer Arbeiten enthalten.

Über Friedrich II.

ABULAFIA, D. *Federico II. Un imperatore medievale,* Torino 1990 (Originaltitel *Frederick II. A medieval emperor,* London 1988);

CATTANEO, G. *Federico II di Svevia. Lo specchio del mondo,* Roma 1992;

KANTOROWICZ, E. *Federico II imperatore,* Milano 1976 (Originaltitel *Kaiser Friedrich der Zweite,* Düsseldorf und München 1939);

MASSON, G. *Federico II di Svevia,* Milano 1993 (Originaltitel *Frederick II of Hohenstaufen,* London 1957);

TARDIOLI, F. *Le Costituzioni di Melfi di Federico II,* Roma 1985;

WILLEMSEN, C.A. *Bibliografia federiciana. Fonti e letteratura storica su Federico II e gli ultimi svevi,* Bari 1982;

Il trattato di falconeria, con postfazione di C.A. Willemsen, Legnano 1991 (Originaltitel *De arte venandi cum avibus,* Codex Ms.Pal.Lat.1071 der Biblioteca Apostolica Vaticana);

ERLANDE-BRANDENBURG, A.-R. PERNOUD-J. GIMPEL-R. BECHMANN *Villard de Honnecourt. Disegni,* Milano 1988 (Originaltitel *Carnet de Villard de Honnecourt,* Paris 1986);

MÜHLBERGER, J. *Donne Sveve,* Bari 1979 (originaltitel *Lebensweg und Schicksale der staufischen Frauen,* Esslingen am Nechar 1977).

Sammlungen - Allgemeines Literturverzeichnis bezugnehmend auf die staufische Architektur und künstlerischen Ausdrucksformen

Aggiornamento all'opera di Emile Bertaux. L'art dans l'Italie méridionale, sotto la direzione di A. Prandi, Roma 1978;

BELLAFIORE, G. *Architettura dell'età sveva in Sicilia. 1194-1266, Siracusa 1993;*

BERTAUX, E. *L'art dans l'Italie méridionale de la fin de l'Empire romaine à la conquête de Charles d'Anjou,* Paris 1903 (anast. Neuauflage Paris-Rome 1968);

BRUSCHI, A.-G. MIARELLI MARIANI (a cura di) *Architettura sveva nell'Italia meridionale. Repertorio dei castelli federiciani,* Firenze 1975;

DE VITA, R. (a cura di) *Castelli, torri ed opere fortificate in Puglia,* Bari 1974;

Die Zeit der Staufer. Geschichte-Kunst-Kultur, Katalog der Ausstellung, Stuttgart 1977;

FUZIO, G. *Castelli: tipologie e strutture,* in *La Puglia tra medioevo ed età moderna. Città e campagna,* [Serie Civiltà e Culture in Puglia,3], a cura di C.D. Fonseca, Milano 1981 Seite 118-192;

HASELOFF, A. *Architettura sveva nell'Italia Meridionale,* con prefazione e a cura di M.S.Calò Mariani, Bari 1992 (Originaltitel *Die Bauten der Hohenstaufen* in Unteritalien, Leipzig 1920);

La cultura nei secoli normanno-svevi, Milano 1983;

LEISTIKOW, D. *Burgen und Schlösser in der Capitanata im 13. Jahrhundert. Ein Überblick,* in "Bonner Jahrbücher" 171, 1971, Seite 416-441;

LICINIO, R. Castelli Medioevali. Puglia e Basilicata: dai Normanni a Federico II e Carlo I d'Angiò, con presentazione di G. Musca, Bari 1994;

Restauri in Puglia, 1971-1983, Fasano 1983;

ROMANINI, A.M. (a cura di) *Federico II e l'arte del Duecento italiano,* Atti della III Settimana di Studi di Storia dell'Arte medievale dell'Università di Roma (15-20 maggio 1978), 2 voll., Galatina 1980;

WILLEMSEN, C.A. *I castelli di Federico II nell'Italia meridionale,* Napoli 1979 (Originaltitel *Die Bauten Kaiser Friedrichs II. in Süditalien,* Stuttgart 1977);

Die Stätten und die Städte

BECK, P. - M.S. CALO' MARIANI - C. LAGANARA FABIANO - J.-M. MARTIN - F. PIPONNIER *Cinq ans de recherches archéologiques à Fiorentino,* in *"Mélanges de l'Ecole française de Rome. Moyen age"* t.101, 1989/2, S.641-699;

BELLI D'ELIA, P. *La Puglia* [Serie Italia Romanica,8], Milano 1987;

BORGHINI, A. *I castelli di Federico II nel Vulture,* Cava dei Tirreni 1989;

CALO'MARIANI, M.S. *L'arte del Duecento in Puglia,* Torino 1984;

CAROFIGLIO, F. (a cura di) *Guida turistico-culturale della Puglia,* Bari 1988;

CIVITA, M. *Stagioni di una cattedrale, Ruvo di Puglia,* Fasano 1993;

D'ERASMO, L. *Gioia del Colle. Guida della città,* Bari 1982;

DE SANTIS, M. *La "Civitas Troiana" e la sua cattedrale,* Foggia 1976;

D'URSO, R. *Storia della città di Andria,* Napoli 1842;

IORIO, R. *Profilo urbanistico di Barletta Medioevale,* Barletta 1988;

Itinerari turistico-culturali in Puglia, Bari 1986;

JARUSSI, V. *Foggia. Genesi urbanistica. Vicende storiche e carattere della città,* Bari 1975;

LANCIERI, A. *Melfi. Guida storica e turistica,* Bari 1961;

MASTROBUONI, S. *San Leonardo di Siponto. Storia di un antico monastero della Puglia,* Foggia 1960;

Miscellanea di storia lucerina, I. Atti del I e II Convegno di Studi Storici, Lucera 1987; Atti del III Convegno di Studi Storici, Lucera 1989;

MOLA, S. *Trani. Guida turistico-culturale,* Bari 1994 (im Druck);

SERRICCHIO, C. *Dalla distruzione di Siponto alla fortificazione di Manfredonia,* Fasano 1985;

TATEO, F. - G. MUSCA (a cura di) *Storia di Bari. Dalla conquista normanna al ducato sforzesco,* Bari 1990;

VALLERINI, F. *Monte Sant'Angelo sul Gargano,* Pisa 1977;

WILLEMSEN, C.A.-D. ODENTHAL *Puglia. Terra dei Normanni e degli Svevi,* Bari 1978, II ed. integrale 1990;

Die Schlösser und die Residenzen

ABATINO, G. *Il castello di Manfredonia,* in *"Napoli Nobilissima"* XI, 1902, S. 44-45;

BACILE DI CASTIGLIONE, G. *Il castello di Sannicandro di Bari*, in *"L'Arte"* XI, 1908, S.357-366;

BECK, P. *Archeologia di un complesso castrale: Fiorentino in Capitanata*, in *"Archeologia Medievale"* XVI, 1989, S. 137-154;

DONVITO, A. *Il castello di Gioia del Colle*, Fasano 1979;

LEISTIKOW, D. *Die Residenz Kaiser Friedrichs II. in Foggia*, in *"Burgen und Schlösser"* 18, 1977, S.1-12;

LENZI, G. *Il castello di Melfi e la sua costruzione. Note e appunti*, Amatrice 1935;

LEONE, G. *Palazzo San Gervasio e il suo castello*, Fasano 1985;

LICINIO, R. *Bari e il suo castello. I.Dall'età prenormanna agli ultimi Svevi*, in *"Annali della Facoltà di Lettere e Filosofia dell'Università degli Studi di Bari"* XXXI, 1988, S.205-247 ;

MARSELLA, B.P. *Il castello di Oria*, in "Rinascenza salentina" IV,1936, S.37-52;

MURRO, M. *Il castello di Federico. Note storico-architettoniche sul castello di Lagopesole*, Roma 1987;

NARDONE, D. *Il castello svevo di Gravina di Puglia*, in "Japigia" V, 1934, S.20-28;

PITTA, N. *Apricena. Appunti di storia paesana*, Foggia 1960;

TOMAIUOLI, N. *Il castello e la cinta muraria di Manfredonia nei documenti del XVIII secolo*, Foggia 1984;

TOMAIUOLI, N. *La fortezza di Lucera*, a cura della Regione Puglia, Ass. P.I. Cultura, s.d.

Altamura

BELLI D'ELIA, P. *La facciata e il portale della cattedrale di Altamura. Riletture e riflessioni*, Beitrag aus "Altamura" - Rivista storica, Bollettino dell'A.B.M.C., Nr.33/34, 1991/92;

KAPPEL, K.-D. KEMPER *Die Marienkirche Friedrichs II. in Altamura (Apulien). Probleme der Baugeschichte*, in "Zeitschrift für Kunstgeschichte" 61. Band 1992, Heft 4, S.482-506.

Castel del Monte

BERCKENHAGEN, E. *Haghia Sophia und Castel del Monte, Sonderdruck aus Musagetes. Festschrift für Wolfram Prinz*, herausgegeben von R.G. Kecks, Berlin 1991, S.79-92;

Castel del Monte, Bari 1981:(Beiträge von G. Musca, *Castel del Monte, il reale e l'immaginario*, S.23-62; A. TAVOLARO, *Una stella sulla Murgia*, S.73-98; G.DE TOMMASI, *I restauri tra leggende e realtà*, S.99-144);

GÖTZE, H. *Castel del Monte. Gestalt und Symbol der Architektur Friedrichs II.*, München 1984;

MOLA, S. (cura di) *Castel del Monte*, Bari 1991;

WILLEMSEN, C.A. *Castel del Monte. Il monumento più perfetto dell'imperatore Federico II*, Bari 1984.

VERZEICHNIS DER ORTSCHAFTEN

Finito di stampare
con i tipi della
Cooperativa Grafica Italiana - Bari
Bari - Marzo 2002